「タンジールへ」

「壁画のあるビル、タンジール」

「聖人の墓、カスバ」

「燈台」

「ベスト・アート・ショップ」

「サボテンの木」

カスバの男

モロッコ旅日記

大竹伸朗

集英社文庫

あけがたとろりとした時の夢であつたよ

尾崎放哉

目次

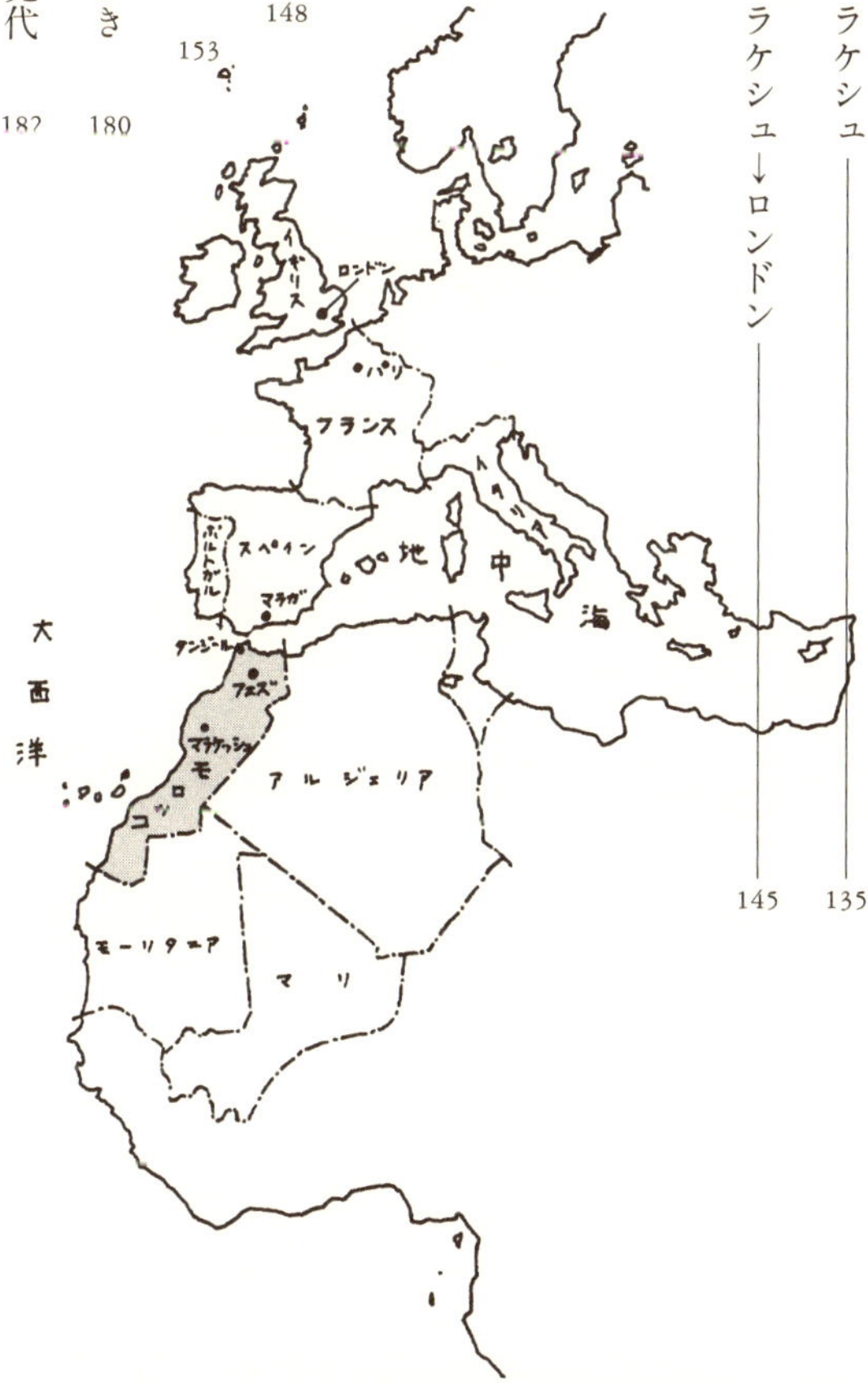
イギリス
ロンドン
パリ
フランス
イタリア
ポルトガル
スペイン
マラガ
地
中
海
大
西
洋
タンジール
フェズ
マラケッシュ
モ
ロ
ッ
コ
アルジェリア
モーリタニア
マリ

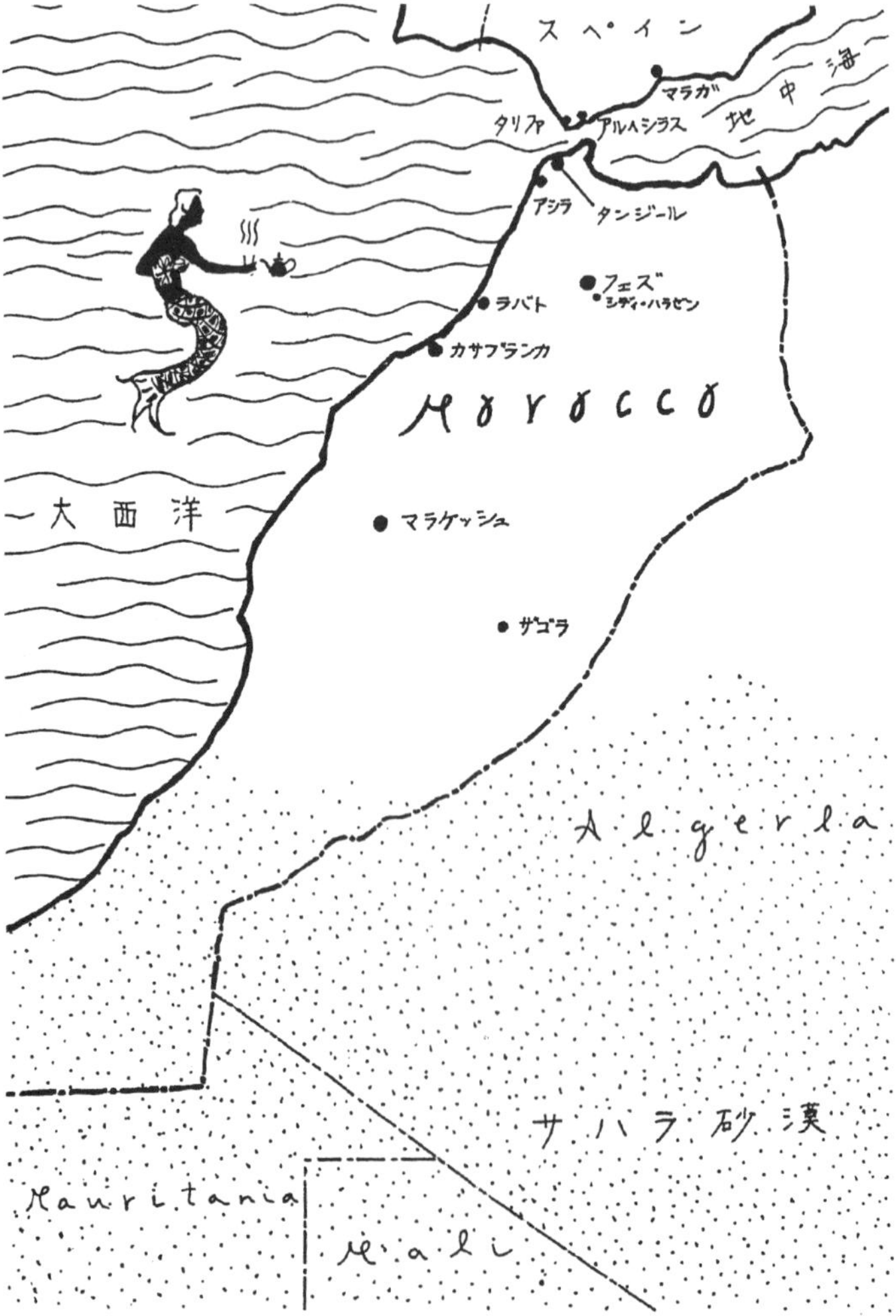
スペイン
マラガ
地中海
タリファ
アルヘシラス
アシラ
タンジール
フェズ
シディ・ハラゼン
ラバト
カサブランカ
Morocco
大西洋
マラケッシュ
ザゴラ
Algeria
サハラ砂漠
Mauritania
Mali

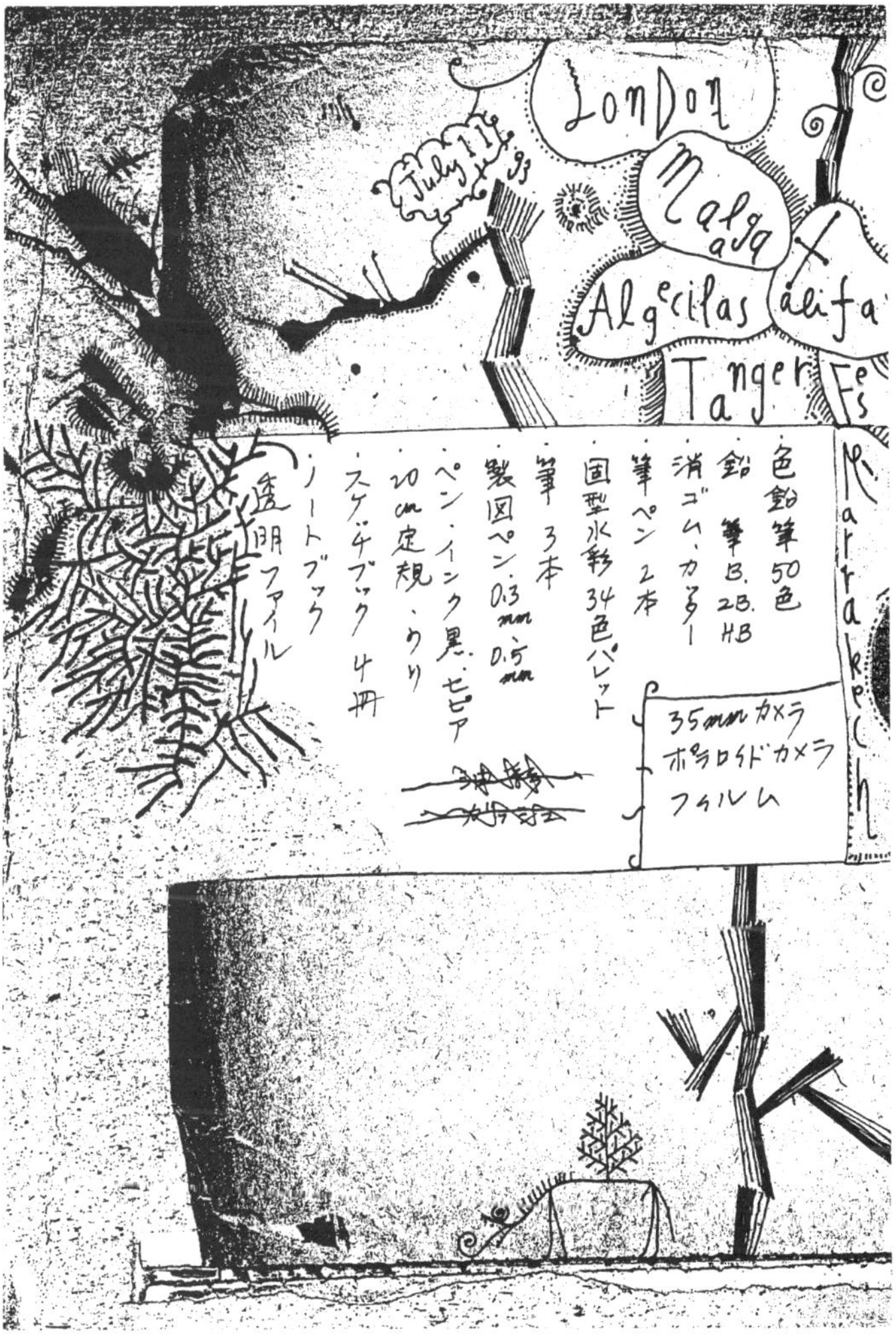

July 11 '93
London
Malaga
Algecilas
Tanger
Fes
Marrakech
色鉛筆50色
鉛筆 B、2B、HB
消ゴム、カッター
筆ペン 2本
固型水彩 34色パレット
筆 3本
製図ペン 0.3mm、0.5mm
ペン、インク黒、セピア
20cm定規、のり
スケッチブック 4冊
ノートブック
透明ファイル
35mmカメラ
ポラロイドカメラ
フィルム

絵・写真　大竹伸朗
本文デザイン　池田進吾（67）

カラー口絵P6・P7
「ジャマ・エル・フナ広場、マラケシュ」(部分)

7月12日

ロンドン→マラガ

英国航空２４７２　８時45分ヒースロー空港発、11時45分マラガ空港着

遠くに見事な桜。じっと見入る。

広いガーデンの中の建物、中で男がガット・ギターを練習している。

「すべての色には、それぞれのグレーがある」
「網膜は窓であり、その向こうに人が立っている」
（『マティスとピカソ―芸術家の友情』河出書房新社より）

マラガ。うす茶の大地。

着陸直前の廃屋、打ち捨てられ錆《さ》びてくずれかけて傾く軽トラックが、北海道の別海《べっかい》のよう。

黒人の髪の毛のような平原に散らばる草のスポット。道のラインは人の横顔を思わせる。日本の南国調の空港。

ホテル・ドン・クーロにチェックイン。

マラガの街中は細い路《みち》がくねくねとつづいている。

換気扇の前のヒモのダンス。ポスターの重ね貼り。闘牛ポスターの色がいい。ハト、子供、ゴム段、サッカー。古い百葉箱のようなハトの家。

異国へ行き街中を歩くと、ついゴミ捨て場に目が行ってしまう。分析的に国別の解説を理論立てて言うことはできないが、紙質、デザイン、素材など当然それぞれ異なるわけだし、ヒモでのくくりかたや捨てかた、合理感覚の違い、配置など当然国民性が異なるわけで、それだけの条件が積み重なったうえで路上に不要物は並べられるのだから、そこに無意識の国民性のオリジナリティを見るといったら大げさか。しかしそれを知りたいがために路上不要物へ僕は目をやるわけではなく、ごく自然に興味がわき目が行く。そして、やはりそこになにかしらの違いをいつも確かに見る。

マラガはパブロ・ピカソの生地でもあり、モロッコにも近いし、まあそれほど深い思い込みで選んだのではないが、一度街を見てみたい思いでまず行くことにした。スペインは初めてであり、マラガには「美しい壁とドア」を期待した。しかし去年訪れたプラハの壁の美しさの思いが強すぎたためか、少々僕にはきれいすぎ拍子抜けだったが、ポストカードの安さで気を取り戻すことができた。

闘牛を始めとするイベントのポスターの貼りかたには素晴らしいものがあった。ヨーロッパには壁に直接モップ状の刷毛《はけ》ででかいポスターを貼り、はがさずにどんどん上に貼っていく習慣があり、僕にはそれが好みなのだが、街中でこの手のボードに不意に出くわす時、僕はいつもなにか考えさせられ、そしてなにかしら新しいアイデアが頭に浮かぶ。

マラガ路上不要物配置

これは金属製のポスター用告知ボードらしい。この一ヶ所でしか見かけなかったが、マラガの街中にはほうぼうにある代物かもしれない。上部のサビかたといい、貼られたポスターの厚みといい、ボードのデザインといい、まさに横綱級の代物がこうしてポンッとあると、その影までがいとおしい。右下の白いゴミ袋が一筋の哀愁を添えるが、こうした「横綱」を、ゴミを置いてもいい認定ボードとして判断する感覚はどこへ行っても同じなのかもしれぬ。

「アルシド広場、マラガ」

「アルシド広場、マラガ」

「アルシド広場、マラガ」

7月13日

マラガ→タリファ→アルヘシラス→タンジール

朝マラガ発、タリファまで2時間のバス。タリファからフェリーでタンジールに渡ろうとすると、地中海が強風のため一日欠航。アルヘシラス港からの船は出るというのでタクシーで移動し、午後のフェリーに無事乗船。3時間の船旅の末、夕方タンジール港着。群がる自称ガイドをかきわけタクシーに乗り、エル・ミンザ・ホテルにチェックイン。


アルヘシラス港の柵《さく》は、長年の海風で曲がっている。

1:00発タンジール行フェリー。風。ガキの泣き声。デッキチェアの取りあい。白波。土の色の変化。日本を出てから、どうしようもなく進行形の新作のことが頭を離れない。層にすること、糸を張ることなど、どうでもいいことが細部へ細部へ向かう。アフリカが左手に見える。異国感。

だれかがデッキにぶちまけたポップコーンを拾い、そっと口に入れた男の子。

タンジール港は「初めていった香港《ホンコン》」の印象。突風、赤い旗のはためき。サングラス。「与えるもの」と「与えられるもの」のバランスについて。いい思いをすると確実に何かを失《な》くす。

窓を開け放ち、街の音を聞く。香港的なアラビア歌謡。トイレット・ペーパーの芯《しん》がいい。夜風はモロッコ人をブイブイいわす。昼夜の温度差甚《はなは》だし。明け方5時、遠くから聞こえるコーランの声。

先のとがった丸い鉄の棒を、車を運転する女に乗せてもらおうとするが、断られる。

タンジールの街中を走る電線は、ガイシ4ヶの並列が魚の骨格のようにタテに並ぶ。『マティス・イン・モロッコ』と題されたカタログの中にマティスが友人の画家や妻に送った絵ハガキが参考資料として何点かのっているが、当然1910年前後のタンジールの写真に電線は見あたらない。僕はモロッコを実際に経験する以前は、なぜかガイシがタテに積み重なった街中の電線が気になっていた。その風景はきっと1983年、ケニヤのナイロビのどこかで初めて見たものなのだろうが、素朴な木の上部にタテに組まれたガイシになぜかホッとする感情がわいたのを憶《おぼ》えている。それ以来「その電柱の脇にアラビア語とプリミティブな手製の絵のカンバンのある風景」といったものに、どこか心の中で長い間絵にしたい憧れが積もり重なっていったのかもしれない。そして心臓をわしづかみにする空の青が奇妙な曲線と切れ込む直線で区切られたそこは、明らかにタンジールであった。その昔ブライアン・ジョーンズが、着いた初日彼女とのいさかいで窓をなぐり右手首を骨折した場所であり、ジャン・ジュネが岬の墓に眠る地であり、ジミ・ヘンドリックスが69年にツアー休暇に訪れたスポットであり、ウィリアム・バロウズが『裸のランチ』を執筆した地点であり、ポール・ボウルズが生涯の地として今も午後にミント・ティーを飲む場所でもある。

そんなことが頭に浮かぶのだが、タンジール港からトランクを強引に引っ張る自称ガイドを12人ばかりかわしながら乗り込んだボロベンツ・タクシーが街中に突入したとたんすべてを飛び越え、「ここが、それだ」という思いに僕は一気に染まった。

いろいろな国へ行き、着くとすぐ街中を何の目的もなくブラつくのが好きだ。それはいつも僕に強烈な何かの思いを残す。着いてすぐでなければいけない。一杯のコーヒーを飲んでからではすべてオジャンだ。何かが逃げてしまう。

さまざまな国の街にはさまざまな店のディスプレイがある。僕はいまだに、自然の中を一人で歩きたいという境地には程遠い。雑音と欲望うずまく、安っぽく俗で下世話な物がひしめく街中を歩くほうがずっと刺激的だ。小川のせせらぎに心の安らぎを求めたいと思ったことなど一度もない不幸な男だ。自然はすべてパーフェクトすぎておもしろくない。自分が欠点だらけだから、そんな素晴らしい自然の中に放り込まれると居場所がないような気分になる。欠点だらけの欲悪ひしめく街中のショーウインドウが、いつも僕を刺激する。

タンジールのディスプレイはチープきわまりなく、素晴らしいものが多い。道端に非常に下世話でチープな物を並べているのだが、自然が豊かなためか大理石やら偉そうな石なんかで囲まれていたりするから、1本どころか5本ぐらい足払いを食らう。意識しない豪華さと陳腐な物の組み合わせに、ボディブローの威力が内に秘められている。

フランス広場にあった靴屋のディスプレイも、そんなひとつだった。タンジールは靴屋が素晴らしい。靴の片方を宙吊りに雑然と並べてあるのだが、左だけとか右だけとかいうポリシーが非常に適当で、この適当な配色、そして並べ方の適当さが微妙なパーフェクトさをかもしだす。そのうえ店構えが大理石ときた日にゃ、地中海に向かってひっくりかえる思いを必死にこらえるしかない。

着いた日の夜中、不思議な響きで目が覚めた。窓からはフランス広場脇の海を見下ろす高台が見える。空はすでに明るくなっていたが、ツバメのような鳥がうるさくコウモリのように無数に飛びかっている。その響きは鳥の群れの奥のほうから来るようだった。アッザーン（モスクのスピーカーから流れる大音響の祈り、日の出1時間半前に始まり毎日5回、街中に礼拝の時間を知らせる）の1回目の響きだとわかったのはその翌日だったので、寝ぼけまなこの前に広がるその光景は夢の中ということにしていつのまにか寝ていた。

ブライアン・ジョーンズ「ジャジュカ」

70年代初頭、ローリング・ストーンズのブライアン・ジョーンズが「ジャジュカ」というソロアルバムを出した。彼がこの世を去る一年ほど前（1968年）、モロッコで録音した現地の音に処理を加え、死後にソロアルバムとして71年に発表されたと解説には書いてある。70年代後半、僕はヨーロッパのノイズ系のバンドやアフリカの音楽をよく聞いていたが、そんな関係でこのアルバムを手にしたような気がする。ブライアン・ジョーンズが実際にどのような音響処理をしたかは知るよしもないが、このレコードを初めて耳にしたときの違和感は今でも鮮明に覚えている。その違和感をうまく言葉にすることはできないが、「なにかの間《ま》、もしくは現実の時間とは完璧にズレたところで起こっているなにか」といったようなものだ。神というものがこの世に存在するとしたら（大げさな話ではなく、神でもなんでもいいのだが）、いつの世も、神は肉体を持つ人間を実に気まぐれに、そしてあまりに無造作にひとりを選び、奇妙な時間を与え、変なモノをつくらせる。世の中にはまだまだそんな、ある種の突起物がゴロリと転がっているものだ。そのズレたなにものかは僕の頭の中を一瞬のうちに真っ白にし、極限まで落ち込ませ、そして最後にはなにかをつくらねばならぬ気にさせてくれる。このレコードはそんな、定義不可能な神様のいたずらのような気がしてならない。

ネック取付型のエレキ・ギターを購入した。音を出してみようと取付型ネックを組み合わせようとするが、真ん中の所でうまくまっすぐにならない。ギター・ボディにはやたらたくさんの長いスイッチ状のものがつき出している。アンプの脇にはテレビ・モニターがあり、画面には15人くらいの集団中村晃子のような素人《しろうと》バンドが映っている。全員赤いベレー帽、直毛ロングヘア、ピチピチのホットパンツに長いエナメルブーツ姿。バックコーラスが歌とまったくはずれていて異様な響き。

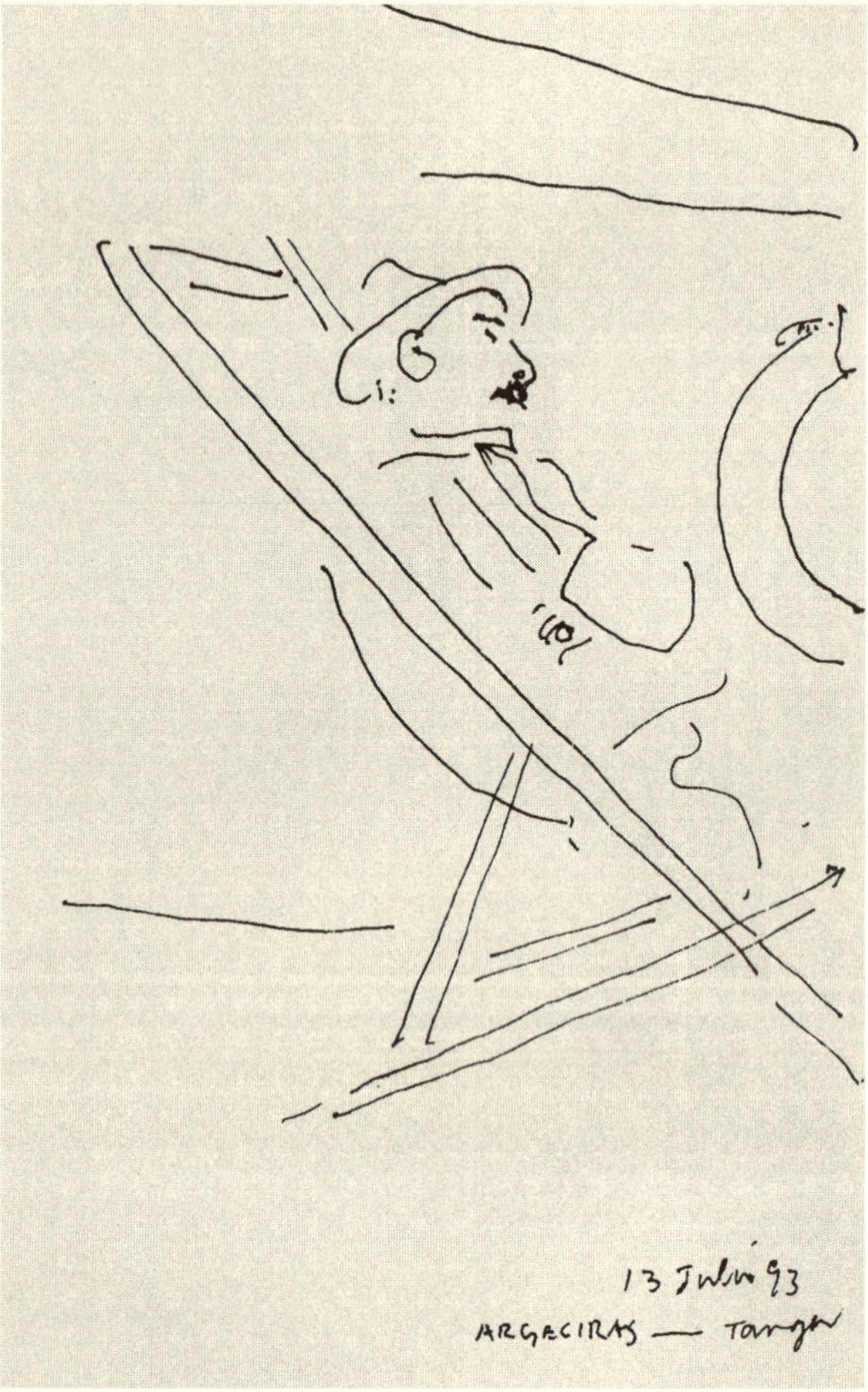
13 Julio 93
ARGECIRAS — Tanger

「メディナへの坂道」

7月14日

タンジール

ガイドを雇い街を歩く。スーク（市場）からメディナ（旧市街）、カスバ（これも旧市街のこと）とダウンタウン一帯を探訪。廃物利用のプラスチック・バッグ、手形のノッカー(protect the evil eye)。午後歩き回るのは自殺行為なので昼食後ホテルで休息、夕方からふたたび街に出る。

ぐったり寝て起きホテルで朝食、初めて2時間の時差に気づく。

モモという名のガイドがメディナなど案内してくれる。アメリカ人やヨーロッパ人はあまり好きではないと言う。タンジールを近代化させようという考えが好かないらしい。ベルベル人の気合い。文明侵略をかたくなに拒否する、かっこわるいところのかっこよさ。

古カード5、6枚購入。部屋のテレビで天気予報、火山学者の夫婦。札を糊付《のりづ》けする男。お金の図工。

アッラーアクバル。メディナのゴミ捨て女の絶叫。カセット。ロボコップ・ゴミ箱。段ボール箱を積んだゴミは壁がないので意図的なインスタレーションに見える。男同士のスキンシップ。五月みどりとアラブの歌番組司会女のエロ路線共通点。

街中をぶらつきガラス越しに気になったカフェではじめてのミント・ティーを頼む。中はほどよい暗さがただよい、それが木製の壁にかかる横顔のモロッコ人（おそらく前代の国王かなんかだろう）の肖像写真とあいまって空気がなごむ。厚目のグラスはことのほか熱く、銀製のポットの把手《とって》は何重にも巻いた白い紙でくるまれていた。鈍くなった銀のフタにはいつの間にか一匹のハエがとまり、こちらをうかがっている。じっとした目とは裏腹に、銀のフタの曲面の映し出すハエの裏側のせわしなく動く前肢に、ふと歌舞伎町の髪を染めたサンドイッチマン・パンクの顔のアップを思い出す。そしてアルヘシラスから乗ったフェリーの黄色と青のストライプの境に止まっていたあのハエを思い、おそらく同一のハエに違いないという確信に打たれる。

どこへ行ってもハエがついてくる。気にしなければ気にならないし、気になりだすと気が狂いそうになる。しかし、くりかえし顔のどこかへ止まるハエほど腹が立つものはない。あの細くうごめく点のような6本の肢の先は、悟りきった禅坊主の問答の「間《ま》」と脳神経を直撃するツボを知りつくしているのだろうか。

本当に奇妙な生き物だ。奇妙としかまったくもって形容のしようがない。極上のジョークと悲惨きわまる拷問の感覚を生まれついて兼ねそなえた、ふざけたパンク野郎のようだ。日本は日用品の中に秘密兵器を思わせるスグレモノを作り出すのに長《た》けているが、ひとつの傑作にハエタタキの握りの端を引き抜くと、ハエをつぶしたあとつまむピンセット装備というやつがある。夏の夜寝ころんで、枝豆をつまみながらビールを飲み大相撲ダイジェストに人生の喜びをほどよい塩加減と共にかみしめるステテコ姿の中年男に、突如タンジールから飛んできた例の悟りのハエの顔面攻撃が開始された。こういうときに平和を覆された日本人男の反応はすさまじい。ピンセット付きハエタタキ（スーパーで安売り100円）による脳天直撃の怒りが家庭崩壊、殺人事件にまで発展させる起爆剤にもなりえるのだ。

同じ双翅類《そうしるい》昆虫のアブやカは、刺すという武器を所有しているためか人間どもの反応にも本能的に似たような行動を引き起こさせるが、ことハエに関しては人間の反応の仕方の違いに自発的なキャラクターを帯びる。人間はどうも相手に明確な武器がないときのほうが、無意識に本当のこちら側をポロリ見せてしまうものだというツボを、ハエは体得しているのだ。モロッコにハエが多いというのはなにかしら宇宙的な必然性があるのだろうか。そんなもんあるわけない。

ミント・ティーの鈍い銀のフタを見やるとそこにはまだハエがいた。うだるような暑さをくぐりぬけ、クーラーなしのカフェで飲む極限に甘く、気合いをもって熱せられたミント・ティーに、裏切りの知性と妙に人間臭いユーモアに包まれた鎮静能力を感じる。

「ハエとネズミによる網膜貯蔵シェルター、及びアンテナ、タンジール」

ハエとネズミが見たものを貯蔵する為のシェルター

生きのこる為の装置

棚上の6つの区切りひとつひとつはそれぞれの世界を形づくる…小BOXの中の長い時間の流れ↓タンジール、フェズ、マラケシュ市場の店の印象

新聞と時計／時間の層

タンジールの街が徐々に暗くなり始め、海風が心地よく感じられる夕刻頃より、その海に向かった大砲の据えられた高台にはどこからともなく人が集まり出し、昼間の労働の活気とはまったく異なった活気を帯びる。真紅に緑の星印の大きな旗は激しくはためき、時おりパタンパタンと不規則な音を出す。

間隔を置いて大通りを横切る、アラビア文字のフレーズを染めた原色の帯が大きくうねりだすころがタンジールの夕方から夜中にかけての日課と化した祭りの始まりだ。手拍子がなんともいえぬ感情のすき間を人々に与える大音響アラビアン・ポップスが、海風の方向にほんろうされ自動的にボリュームを上げ下げし街をかけぬける。海風がタンジール・ステレオのボリュームを見事にコントロールするのだ。

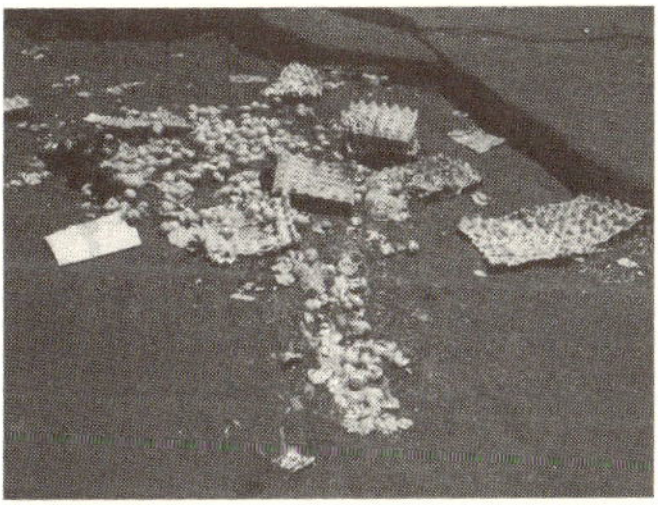

メディナの入口で、一番最初にある印象をもって意識した光景は、灼熱の太陽でフライパンと化した路面にぶちまけられた生卵の数々であった。判断のつかぬある「間」をもって、僕はしばらくその残骸をボーッと眺めていた。タンジールに着いたのだという実感をその生卵に感じた。

街中を走る「プチタクシー」も、その色合いといい屋根の木製ボード手書き文字といい、すごくタンジールっぽいと言える。ラマダン（断食月）期間は運転が荒れ、交通事故が急激に増加すると耳にしたが、そんなことは知らなくても普段の運転を見ていればラマダンにタンジールのプチタクシーに乗る気などさらさらしない。しかしモロッコでは、金に関係するすべての事柄に強い闘争本能で立ち向かわねば生きていけない。タクシーにメーターが付いてないというのも、アフリカの夏場ではかなりこたえる極東観光客ではある。

そのころが手製の木箱兼クツ台を手にしたクツみがき少年のかせぎ時で、バラ売りのマルボロを耳に差したクツみがきの少年は、クツみがきだけを生業《なりわい》とする少年にはない視線のタイミングにたけている。

ハッサンという60ぐらいのじいさんに吸わないマルボロをあげた時の一瞬の目の輝き。ハッサンは右手人差指でパッケージのひき上げをつまみ、タバコ一本よりわずかに大きな丸い穴を開けた。温度の高いモロッコではパッケージの穴の大きさもそのモチに大きな影響を及ぼすのか。

パストゥール大通り沿いにはカフェがたくさん並んでいる。夕方になるとどこからともなくアラブの男どもがジワジワと外の席を占領しはじめ、通りを歩く若い女を独得のまなざしで眺めている。白とブルーのストライプの背もたれのプラスチック製のイスが、どういうわけか多く目につく。軽いチープな代物《しろもの》であまりすわり心地はよくないが、僕はすごく気に入った。一定の間隔を置き王冠と星をかたどったイルミネーション、青や赤の横長のアラビア文字の旗や横断幕が通りを横切りはためく。通りに突きだした国王の顔写真ライトボックスが街灯となって点《つ》きだし、妙に未来的な印象を受ける。陽が落ち、海風が吹き始める夕刻、アラビアン・ポップスの大音響に乗って街は狂気へ突っ走る。

陽が少し翳《かげ》りはじめた。ビーチ脇の高台もタンジールなごみの場所だ。ドラッグ売人がスーッと背後から近づき声をかけてくるが、鉄則はやはり無視に行きつく。その瞬間に日本人のモロさが出るのだが、一言でも言葉を交わすのなら、その後10分間は相手の質問に頭を多少なりとも働かせ、そしてフレーズの最後にNOをつけ加える大変疲れる作業を覚悟しなければいけない。「他の国であまり相手を拒絶するのも…」という人はまずタンジールのフランス広場かビーチ沿いの通りを歩いてから語ってもらいたい。その安易な対応のやりとりの中で、甘さのほこ先がゆっくりこちら側に向き、やがて心の中に奇妙な宗教感が訪れ、そして最後に「ここはタンジールなのだ」と思い知るに違いない。しかしなにも危険な場所ではまったくなく、ブラブラ夕食前に歩くにはすごくいい所だ。モロッコ人はこういうダルでイージーな雰囲気がよく似合う。

坂本冬美風のアラビアン・ポップス

アラビアのポップスに関して僕はまったく無知だが、街中をかけぬける大音響の異国の音楽に底しれぬ人々の生気を感じる。それはもはや「音楽」というふた文字ではくくることのできぬもの、というより砂漠に住む人々の「水」に近いものかもしれない。ホテルのテレビでアラビアン・ポップスのヒット・チャート番組を見た。まったくポップスという単語とはかけ離れた、アラビア装束の肉屋のおやじ風5人組が変速手拍子で笑顔で踊りながら歌うのだが、画面に突然丸ヌキで女の顔があらわれたり、50年代のテレビ登場時代のワザと思われるストップモーションが歌調を見事に高めていた。

僕は伝統音楽的な音楽よりチープなシンセとパンパンパパパパ、パパパパパパパと時おり曲間に乱入する爆竹手拍子の炸裂するポップスに人々の希望と勇気と大いなる喜びを感じる。真紅の大きな厚い口唇をふるわせ、眉間にときどきシワをよせつつ異次元の焦点を一心に見つめ、細かい指先の動きと首の微妙な動きで必死に、圧倒的歌唱力で歌いだす。そんなアラブ女の絶唱にチープシンセ・パンパン手拍子がたたき込まれ、ウムを言わせぬリズムのうねりの底にのたくりまわるエロティシズムがどこか「哀愁」というか「切なさ」といったものと結びつく思いがする。

アラビアの音楽世界に興味を持ち出したのはいつだったか。学生のころ、コーランのLPを買ったことがある。ジャケット・デザインを目にし、それを見ていたいという思いから入っていったのだが、初めてきちんと耳にしたコーランの朗読はなぜか心にしみ込んでくるものがあり、アッザーンではないが朝起きて音楽を聞きたくないときはそのコーランのレコードをよくかけた。70年代後半から80年代初頭にかけてのことだ。

そしていま再び、アラビア語の歌謡曲にとらえられた。モロッコでこうして音楽を聞いていると、やはり人間好奇心を持ち、さまざまな場所へ積極的に行き、自分で見聞してからでないと無責任なことは言うべきではないと痛感する。日本は異常に情報に取り囲まれているので、本屋で本を手にしCDビルで外国の音を耳にし、日本から一歩も出ることなく自分の意見を言いたがる傾向にあるが、やはり意見を言うのならまず、そこへ行かなければ話にならない。アタマで理解することと、人間としての感覚とのバランスは重要だ。世の中「誤解」というのがあり、感覚世界でのそれは確かに興味深いものに結びつく場合もあるが、「極限の誤解」まで行きつかないと浅い所でのザレゴトにおちいるのがせきの山だ。僕にはいま、アラビア音楽が以前とはまったく違うものに聞こえる。

しかし、毎晩こうした自国語で歌われるポップスが街中をかけぬける国が僕にはすごくうらやましい。欧米中心主義の文化に対するふてぶてしく頑強な思いを感じる。「知ったことか！　今日が終わり暑い暑い明日がまた来て、踊り狂うのだ」という熱い思いを感じる。人々を見守るのは海風であり、鳥のざわめきであり、そこに「管理」などという単語は遥かサハラの砂の底なのではないかという楽観に身が包まれる。

昔、香港でも思ったことだが、海がそこにあるということはなにか絶対的な浄化作用を街におよぼす。どんないやなことがあっても海風にあたるとなぜか気が楽になるものだ。僕は都市にいながらあたる海風のほうが自然の中であたるよりたくさんのインスピレーションが得られるような気がする。

都市と自然には違った種類の海風が吹くのかもしれない。

京都の庭。寺の隅には一群の彼岸花が咲き乱れ、地面は濃い山吹色の花粉でおおわれている。この花は一年のある時期、異常な量の山吹色の花粉を散らすらしい。よく見るとどの花も中心からは若い娘が上半身を出している。肩からその和服をするすると落とし、それぞれの花の女はパタパタと必死にその黄色い花粉を顔に塗り、化粧をしている。その姿の愛くるしさに言葉を失う。まったく想像を絶する見事な美しさ。

「海の家」

「パストゥール通り」

July
Tanger '93

「タンジール港の眺め」

「F・A・R通り」

7月15日

タンジール、アシラ

タンジールから車で1時間ほどの小さなビーチタウン、アシラに行く。海辺のレストランで昼食。夕方タンジールに帰り、ホテルで休息後海岸沿いの砂浜や商店街を歩き回る。不要物。テレビ天気予報。

アシラ、海岸の非常に美しい小さな街（22000人）。垂直と水平、ブルーとホワイト。

ジャポネ？　ヘイ！　ホリディー？　「ビジネス！」　ドラッグ？　オハヨー、コンニチワ、ジャポネ、チーノ、オーサカ、ヘイ、バンビーパラノイド、ユーライクモロッコ、コーベコーベ、ヘイ！

タンジールから車で1時間ほどのところに、アシラという白く輝くすごく美しい小さな街がある。世界中どこでも都市というところは金にせちがらくならざるを得ない力が働くらしく、都会のタンジールからポッとアシラのような小さな街へ来ると、金に対して人々はもっとおおらかでのんびりしていて、人間的なものを感じてしまう。

建物のほとんどは真っ白で床や壁にモザイク。白い露地の壁に見かける壁画が光に満ちて輝く。毎年、街が世界各地のアーティストをよび、滞在させ壁画を描かせるらしい。もし僕が描くとしたら何を描くだろう。「ひねり」はあまり通用しない気がする。「コンテンポラリー」な意識にめざめた街中でなるほどと思わせる美術館を訪れるのも悪くないが、予想もしない場所で「コンテンポラリー」な意識と出会うほうが、スリリングであり「コンテンポラリー」なものがある。

海沿いの住宅街の、小道の空気にはすごくミステリアスなものを感じる。あっけらかんと強い太陽光線のもとに芸術的要素がはねかえされているところが、より神秘的な色合いを加える。横丁からヒョッコリ火星人がロバに乗ってやってきても、人々は笑顔ですれちがうと思うのだ。

あまり長くとどまることはできなかったが、もう少しゆっくりいて物を見、感じたかった場所だった。おそらくここではたくさんのものを見落とした気がしてならない。

不要物

考えてみると、日本で生活していて一般的に、どのようなものを不要と判断してゴミとして出すのだろう。

・郵便物は大事だと判断するもの以外は捨てる。
・読み終わった雑誌、本類。
・ショッピング・バッグ（スーパーマーケットでくれるもの）。
・さまざまな梱包《こんぽう》材（段ボールなど）。
・生ゴミ

タンジールで僕が見た限りでは、腐るもの（主に食料品）以外は再利用されているものが多く、人の意志が入り込まないためかアラビア文字のためか、デザイン的に非常に新鮮だった。

以前エジプト旅行した友人から聞いた話だが、乗合バスが急にストップし、運転手が車輪にかがみ込んで延々となにかしているのに気づいた。よく見ると彫刻刀のようなものでつるつるにすりへったタイヤにミゾを彫っていたという。そのタイヤもタイヤとして限界にきたら、おそらくゾウリかなんかの底にでもなるのだろう。

人がまだ使えるものを買いかえる場合、それは自分だけの判断というより、自分のまわりを見渡してみた結果としての場合が多い気がする。僕は漠然となにかしらの「クリエイション」というのは「世間」より「自分」の判断のほうが強まったとき始まると思う。その点でモロッコの人々の、工業製品への徹底的な関わり合いかたというのは、物のありあまった日本から見ると裏切りのセンスを秘めた強さを感じる。

僕は「再利用」という言葉はなぜか好きになれない。その響きの裏に人間が見えてこないからかもしれない。モロッコで見たガソリン缶を伸ばして打ち付けたドアや、肥料袋のプラスチックを裁断してつくられた買物バッグを見たとき、僕の頭の中に再利用とかリサイクルという単語はまったく浮かばなかった。先進国の、一応生活の満たされた上で、世間体やら現状の美意識を保ちつつリサイクルに走るからどだい無理が生じるのだ。「やらないよりやったほうがいい」といった安直な考えで進めると、どうしても歪《ゆが》みを生じる。そこには状況の変化と同時に、美意識の変化も本当は生じるべきものだが、そう簡単に美意識をコントロールできるわけではない。そういった美意識の変化の上にリサイクルがなされれば、全体としてもっとしっくりいく空気が生まれると思うが、だいたい人の捨て去ったモノによって「アート」という価値観が生まれること自体、どこか歪んでいる証拠なのだろう。リサイクルがごく自然に行われているところでは、それは単なる日常の一部でしかなく、そこに価値観などというふざけた考えは出てこない。

毎年秋に開かれるフランクフルトのブック・フェアは、晴海のモーター・ショーの見本市よりも巨大なスペースが、世界中から集まったブック・ディーラーの品々で埋めつくされる。

こういう、まったくほったらかしだがパーフェクトなたたずまいというのは、いったいなにがそうさせるのだろうか。戸や壁の色や質感は言うまでもないが、ポスターのはがれ具合、小さなモロッコ国旗の傾き、カンバンの傾き、上を這う電線のたるみ具合、いったいだれがこれを決定し、僕の目に焼きつけられるのだろう。達人の技としか言いようがない。「竜安寺がなんぼのもんよ」というひねた優越感がわいてくる。

タンジールでは犬をあまり見かけなかった気がする。そのぶん猫が多い気もした。モロッコの猫は心地よい場所を本当によく心得ている。犬は勤勉すぎたところが猫に負けたのだ。

大きな棟ひとつがアート本で埋まるのだが、その中で一番興味を持ったのがロシアの地下出版物を集めたブースで、政治、文学、音楽などに大別されていた。日本人の感覚からすると本とは名ばかりであり、手で打った誤字だらけの生タイプ・シートにモノクロ一色のガリ版のような絵が組み合わさり、簡単な手作業の製本がなされたものが大半を占めていた。

文学物ではなく音楽物にすぐに目が吸いつけられた僕の前に、安物のサファリジャケットに銀ブチのメガネをかけた痩せた青年が、いかにも「素人さん」といった感じの売り手として現われた。文庫判より少し大きめのそれらの「本」は主にロシアのパンク系の音楽事情の特集を扱っているのだが、1枚ずつ微妙に異なるサイズのページは、ところどころ現像液の茶色い染みの残った写真の印画紙であった。臭いも強度に残っているそれをホッチキスで留めてある代物を手に、青年は限定3部とか限定5部とか恥ずかしげに、しかし力強く主張するのだが、3部しかつくれない結果としての「限定」の意味は、アート・サイドのそれより数段リアルにこちらに突き刺さってきた。

タンジールのドアには、20リッター入りガソリン缶をたたいて金属板にしたのを貼りあわせたものが目につく。そこにシニカルな意味合いはまったくないにもかかわらず、先進国のアート寄りの人間はそこに、既製の製品として先進国では売られているものだけをドアだと思い込んでいる、人々の凝り固まったステレオタイプの価値観への異議申し立ての象徴を見い出し、ほくそ笑む。僕はその「笑み」に、かつてあった優位を見てとることはもはやできない。あきらかに真正面から、普通にそれら2種のドアを眺めてみれば、笑みなしにタンジールのドアのほうが美しく力強い勝者なのだ。それを笑って一件落着としてしまってきたつけが、いま来ている気がする。

「思い」を持ち、とことん突き詰めた結果、先進国の既製の価値観と正反対の位置に行きつき、それがアートとしてのある種の価値観を持ってしまった。そこには信じられるものがあるが、先進国がこざかしいのは、それを見たアート寄りの「知的」な人々が、方法論としてアンチ価値観の到来を告げ始めることだ。

ケモノは自分で作ろうと思ってケモノ道は作らない。ただ毎日そこを歩くだけだ。

モロッコではなにかが壊れたとき、それが日常の中で再利用の明快な答えが与えられていないものは永遠に放置される運命が待っている。ビーチの金属製のゴミ箱の多くは、ゴミ受け部がとっくの昔に消えさり、残されたゴミ投入口部が間の抜けたロボコップの頭蓋骨のように街灯に貼り付いている。

その街灯すら吹き飛ぶ海の潮風にさらされた根元からは、タンジールの灼熱の地下を這《は》ってきた電線コードの末端がとぼけた曲線を伴い砂浜にヒョイと顔を出し、砂のデコボコに合わせ不思議な形の影を落としている。まるで、6年前宇和島《うわじま》の造船所の廃品パーツで組み立てた「花と花瓶」のようだ。しかしモロッコでは鉄サビの質感に芸術的な重さを与えないところが素晴らしい。

PHILIPSのテレビ画面（21インチ？）で天気予報を見る。左から5、6センチのところに宇和島があるべきなのだが、例のごとくネエちゃんがテレビ画面に出てきて笑顔でチョチョイと左から5、6センチを指すと、そこはアフリカ大陸の地

図上、セネガル南東部。

毎日毎日、どの都市でもまあ同じ時間帯に若いネエちゃんが出てきて、細い棒でその国のポイントを指しながら天気予報をするわけだが、四国なり関東地方の地図が漠然とアフリカ大陸にすりかえられつつ、それが笑顔で同じように進行したりすると一瞬時間軸が反転し、笑ってしまうその奥底に無言のズシリとしたリアリティが宙に浮かぶ。

坂道でサッカー、便器にすわり本を眺めている。背番号は3で、そろそろ自分の出番である。

灰色の透明ゼラチン状の薄い膜がゆっくりと顔に貼りつく。

知人と古道具屋でモロッコ軍の古く重い小さなバッチをたくさん買おうとしている。「ひとつでいいんじゃないの」と言うと知人はムッとした。

「ビーチの階段」

「アシラ」

「カフェ」

「車窓からの光景」

7月16日

タンジール

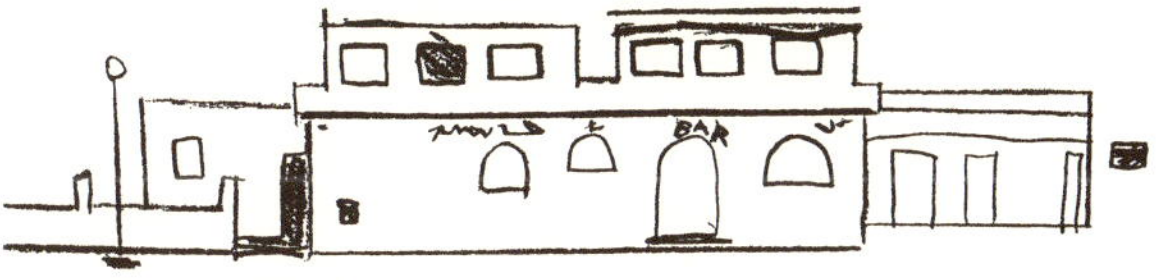

カフェ、ヨーロッパ人用本屋、ビーチ沿いの引退イギリス人御用達レストラン、プールサイド。水彩。

モロッコ初めての地、タンジールで描いた最初の絵は地元警察官用ローカル専門誌のページだった。稚拙なイラストと手描きの見出し文字のページを見たとたん、絵にしたいと単純に思った。その次はたしか新聞のクロスワードパズルのページだった。

街に出てブラブラ歩くときは、まったくといっていいほど絵のことは頭にない。歌舞伎町区役所通りからいきなりモロッコの地に放り込まれたような、驚きの連続をひたすら経験するのみだ。特に第一日目。第一日目の街中をブラつく快感は素晴らしいものがある。目にするもの、空気、音、匂いすべてがうんざりするほどの驚きをもたらしてくれる。すべてを絵にしたいと単純に思う。すべてがストップモーションで動くように変えられるスイッチのついた懐中時計でも僕にあったら、そのすべてを絵にしたいと思う。しかしそうした思いの前に、強く立ちはだかるなにかがあったのもタンジールの特徴だった。目にしたものを写すだけではなにかが大きく違ってしまう、空気のようなものかもしれない。どうしたら、どのように描いたらただのスケッチではなく、モロッコでのスケッチになるのか。意味のあるようなないような、どうでもいいと言えば言えるそんな思いが、描きたい気持ちがつのるほど積み重なっていった。

結局、雑誌のページやらクロスワードパズルのページを描いたあと3日間は、なにひとつ絵にすることができなかった。ビーチへ行ってみると、つい先日までいたアルヘシラスやタリファのスペイン対岸が彼方に見える。緊張と極限の時間が一瞬のうちに前生《ぜんしょう》の出来事に葬り去られたようなダルい灼熱の砂浜の上では、絵のことなどどうでもよくなる。ビーチ沿いにダラリと連なる白人バーの店構えの一軒を描いた絵が、口火を切ってくれることになった。10分で描いた適当でダルい色鉛筆画は、そのときの僕の気分と外の世界がうまく交差したものになったらしい。

絵を描きたくなる気分、なにかを無性につくりたくなる衝動というものがある。好き嫌いを超えたところでその気にさせる絵やモノに、出くわすことがある。まったく自分の好みでないものとはわかっていながら「早く家へ走って帰り、そして絵を描くのだ」という気にさせられる。逆に実物を見てもなんとも思わないのに、本の中のモノクロのカットで偶然見るとなにかをつくりたい気になるものもある。

僕は一本のモロッコ歌謡カセット・ケースがあれば、10枚の絵はできると思った。あの地のどこかでそれを眺めているだけで、絵を描きたくなる。いま、絵にするべきだという思いが湧いてくる。「場」というものがこれほど「衝動」と深く結びついていることを初めて実感した。フランス広場の海風に、音を立てて激しくはためく真紅のモロッコ国旗を真っ青な空をバックに眺めているだけで、絵にしたくてどうしようもない気分になる。こうして目の前にあるものすべてを、たとえ一本の線ででも、たとえ0・002秒間であってもスケッチブック上に何かしらのかたちとして定着したくなるのだ。これは一体なんなのだ。

モノのつくりかたは千差万別であり、それを生み出す人間のキャラクターに大きく左右される。10万の出来事を10年かけて整理し、たったひとつのものに表現する人もいれば、その出来事をできるだけ紙と鉛筆だけであらわそうとする人もいる。無駄をそぎ落とし、突き詰め、なにをどう見、どう感じ、どう表現すればいいか的確に表現したものが「いい作品」とされることが多い。オリジナルなコンセプトをわかりやすく独自な表現で、といったところか。しかし、少なくとも僕にとってその方法ではタンジールに追いつかない。わけがわからぬ感動の要素が、タンジールにはここそこに存在している。人間が考えうるあらゆる不可思議なものが、そこには既に1000年以上も前から人々の日常の一部として存在しているような気分になる。

「人間の考えうるすべての奇妙なものはメディナのどこかに日常として既に何百年も昔から存在する」

具象とか抽象とかの分けかたがあるが、具象画には抽象的な要素がないのかというとまったくそんなことはなく、多くの人が「これは〜だ」と判断しやすい物のかたちの比率が高いだけであって、影の色や使う色、塗りかたなど抽象的要素の化身のようなものだと思う。

僕が人物やら風景などを描く場合、顔でいえば目や鼻、口の位置、頭と首、体の部分とのつながりの関係、風景で言うなら例えば道と山、空、家々、川や橋などの実際の位置関係などは結構適当である。適当というのはどうでもいいということではなく、この適当だがあるニュアンスを感覚的に体感するというところが、僕には重要なポイントなのだ。よく気になる風景やら人物に出会うが、これは目に見える

街中の選挙ポスターの貼りかた、配置感覚、通り沿いの壁に描かれた選挙ポスターの指定枠のかたちには強く感心させられた。自己顕示欲が人それぞれ貼りかたに特徴を持たせ、その結果に深く「ユーモアと情」を感じる。もちろん貼った本人にそんな意図的配慮など皆無なのはよくわかるが、世の中になくてはならない健全な無知というものを感じずにはいられない。それは人々を幸せにする重要なものだ。

ニューオリンズの壁、竜安寺の壁、プラハの壁、そしてタンジールの壁。僕が目にした壁の数々は、言葉で形容できない美しさとなって僕の中に切りこんできた。竜安寺の壁はみなワビとかサビとか言ってありがたがり手厚いあつかいを受け、ニューオリンズの街中の壁には野良犬がヒョイと片足を上げ、ヘラヘラと四つ足小便をかけていた。僕にはどっちが良いか悪いかわからないが、だれにも気づかれずに普通に街中にあるそんな美しい壁に、ひとり秘かに出会ったときのほうが強烈なインパクトを受けるのは事実だし、そんな瞬間がたまらなく好きだ。

物理的なかたちからだけくる感覚ではない。もちろんそれも重要な要素だとは思うが、意味不明のニュアンスのようなものが自分の内側で起き、それが目の前の風景やら人物の実際のかたちと交叉したときに「描いてみたい」と思うような気がする。

よくギタリストが、曲を聞いて「こんな感じ」とその曲を弾いてみせるが、その「こんな感じ」の音をひとつひとつ元の曲と照らし合わせたらかなり異なる音なのだと思う。しかしその適当な「こんな感じ」の曲が見事に「こんな感じ」を醸しだし、ときには原曲より「感じ」が表現されていることさえあるのは、その奏者の内側でなにかしらニュアンスに対しての体感を通しているからではないか。この「適当さ」が僕の場合すごく重要で、緊張感が高まれば高まるほど、それに反比例して「適当な抜き間」のタイミングのような感覚が起こる。物のかたちや位置関係や色を決定する場合、そのほとんどが実際の色とは異なるのだが、実際以上に現実を定着するにはその「抜きの間」のような感覚と、実景とのランダムな即興関係によるところが多いようだ。そして「適当さ」がうまくいったと思うときは、なにも描いてない紙の白が、描くよりもずっとよかったと思えるようなときであり、そんなときその空白の紙の上には、こちらの内側の体感が乗っているのだ。

「ピンクとグレーの組合せ」

「白い建物に当たる強い日差しのくっきりとした影は、ブルー系を使えばそれなりに決まるのだろうがそれじゃまったくつまらない」

色鉛筆で一回描いた上に薄いグレーか白をもういちど塗ると、最初の線がにぶくぼやけるような感じになる。それを全面に使うのではなく、無意味に白やグレーでぼやけたところと、塗らないくっきりとしたエッジの部分を組み合わせると、焦点が乱されたようなちょっとしたとまどいのような印象を受けて面白い。

色鉛筆で絵を描いていると、けっこう色鉛筆の細かなカケラが絵の上に残っていく。そのカケラの上から違う色で線を引くと、その色にカケラの予想外の色の線が引かれ、偶然の混ざり具合がいい効果をもたらす。このふたつ、「白色上塗りぼけ封じ描法」と「無用カケラの上塗りチャンス・オペレイション描法」は、タンジールでの新しい技として大いに役立ってくれた。これからは「タンジール描法」と呼ぶことにしよう。

Bフラットが必ずビビるへたくそなギター弾きにも、チャンスがないわけではない。
道具にこだわる奴に達人はいないが受けはいい。

分厚い熱く熱せられた鉄板の上に溶けたロウを流し、なにかをつくってい
る若い男。時々、ピシッ、ピシッとロウにヒビの入る鋭い音。

「止まれ」

Tanger
16 I. '93

7月17日

タンジール→フェズ

ロイヤル・モロッコ航空451　20時40分タンジール発、21時10分フェズ着

カスバのモロッコ博物館、中庭の花園、路上のディスプレイ、ラシートという男、カフェ・ド・パリ。

けだるくまわる天井の温風機。一周遅れで顔に当たるなまあたたかい風圧。天井のハエ。

エアポートの鳥。夜の古都。ホテル・パレ・ジャメにチェックイン。

僕は5、6年前から愛媛県の宇和島というところで作品をつくっているが、こっちに移って気がついた些細《ささい》なことがある。それは、自分はどうも、下から見上げるゆるやかな坂道のある風景になぜか魅《ひ》かれる傾向があるということだ。そのゆるや

かな坂道も、先のほうでうまい具合に、左より右の方向へカーブしているものがより好きだ。灼熱のタンジールも坂の多い街で、発見した自分の好みとイスラムの世界が混ぜ合わさり、溜息のでるほど眺め入る風景にたくさん出会った。

微妙にかたむいて入り込む坂の小道と丸いモスクの曲線が、イスラムの幾何学模様のストンとした直線と組み合わさる光景は、突き刺さる太陽の熱で見事にミックスされヨソ者の脳天を直撃する。

朝、カフェでコーヒーとオレンジジジュースの朝食後、カスバの旧王宮を利用したモロッコ博物館に行く。入場料を払うと、いかにも職員風のガイドが勝手についてきて説明を始め、終わるとひとり10ディラハム（モロッコの通貨単位、1ディラハムは約15円）を要求。同行のT君がかたくなに拒否。

「私、説明してあげた。だから金ちょーだい」体臭強烈！　夏は風呂には入らぬとアッラーに固く誓いを立てたに違いない。

「え？」

「私、説明してあげた。だから金ちょーだい」

「おまえ、何も言わなかった」

ニヤニヤ
「ひとり10ディラハム、安い、2、3杯の茶代。私、説明をしてあげた」

「金を要求するなら最初に言いなさい！　そしてその前にハンマム（銭湯）に行ってきなさい！」

15分間の攻防のあとようやく出口でかわすと、ぶつぶつ悪態をつきながら行ってしまう。

しばらく中庭にいて、花を見つつなごむ。行ったことはないが、モネのジヴェルニーを思わせる。マーガレット、カトレアなどきれいな花が強い光のもと強烈に美しい。しかし、どこへ行っても「ガイド」はやってくるぜ。

メディナを通り抜け海岸に向かって歩く。

途中小さめの広場にでると、そこはプチ・ソッコであった。「TINGIS」という地元では有名なカフェで、友人に紹介されたラシートという男を待つ。TINGISで絵を4、5枚。

やはり人々を観察するのが面白い。ジェラバ（アラブ特有のフードつき長上衣）の色や模様（水玉など変形が好み）。

顔を隠す女は年増が多い気がするが、隠す隠さないは夫の判断によるとベルベル人のモモは言っていた。ときどき、とんでもなくきれいな女と目が合うときがある。

しばらくするとラシートがやってきた。「こんにちは、こんにちは」外国で聞く日本語は、それが発せられるとき、人によって大きく分かれる。一気に親しみを持つか、からかわれているかだ。ラシートのそれはかわいい「プラスのこんにちは」であった。「あいつは信用できるぜ」とどこの国の人間からも思われ、訪ねてきてもらえるのは素晴らしい。

道端で、プラスチック製の台所用品の上にディスプレイされた菓子に目がとよる。5、6歳の子供が数人で、家庭用の水切りプラスチック・ザルを路上に置いた上に、チョコバーなど菓子類をそれぞれ5～10ヶに切り分けたものを並べて売っているのだ。その赤いプラスチック・ザルの四隅は円柱のチューブで支えられているが、子供たちはその円柱を利用して棒状のチョコレートを立てている。その利用法になぜかいたくやられた気がした。わかってないのだがいたくわかっているガキどもだ。ウィンストンの空箱を円筒状に立てた中に小石を入れ、木箱のすき間にさした「タバコアル」というのも感心したが、プラスチック製台所ザル四隅チョコバー固めの技には、僕もうなったきりタンジールの日差しがイエロー脳髄を直撃した。その直後メガネツル45度斜め倒立技がコメカミに入る。メガネのツルの片方に微妙な角度をつけて斜めに立つようにし、それを店によってさまざまなやり方で並べてあるのだ。道に敷いた布のまわりに、それがまるで額ブチのように並んでいる。

彼らは最小限の材料で品物の特徴を引き出し、他の店（?）にはないオリジナリティ（工夫）を通行人に訴え、それを売りに結びつけるというかなりのコンテンポラリー・アート状況をガキのころからたたき込まれているわけだ。アートは意識に訴えかけることを第一に考え、売れる売れないはあまり口に出さないが、彼らは絶対に売らないと生活できず、へりくつは言わない。偶然性も含め、他をおしのけるオリジナリティで勝負する路上の彼らのほうに、職業としての自称アーティストなどよりずっといさぎよいアートを感じてしまう。

「哀」の場と「愁」の影

厚い雲の間に、ほんの少しの青い空がのぞく光景を眺めているとすごく不思議な気分になってくる。

ポケットにいれていたスケッチブックは、ホテルへ戻ってみると汗で波うってしまった。

・ステッペンウルフという60年代のバンドのギターの音は、タンジールのアラビアン・ポップスに太刀打ちできるものがあるような気がする。

・アイザック・ヘイズのような銀ブチのゴツいサングラスをしたターバン、ジェラバ姿のアンティーク屋のじいさんが笑うと、妙な愛着が生まれる。

・旧式のごつい黒塗りベンツの中に安物のみやげ物屋で買ったようなモスクの置物。
・ヨレヨレのスーツ姿の男から受ける、プライドとは異なる説得力を秘めた気位の高さ。
・昔、灼熱のペンキを塗りたくった錆びたトタン屋根。
・ちょっと変わったインテリ文学者の集う場所。ブライアン・ジョーンズとジャジュカ地方の小さな村の伝統音楽、あるいはストーンズ系ロックにあこがれ90年代に突入してもグランジな音の雰囲気を求める若者の集まるところ。
・60年代ヒッピー文化を通過し、とっくの昔に足を洗い人並みな家庭を持ってしまったものの、いまだ心のどこかにドラッギーなヤバさを背負った人々が吸いよせられる街。
・今日はいかに安くあげたかを人生の最大目標に生きている、地球を歩くバックパッカーの通過地点。
・ジミ・ヘンドリックスに身も心も人生もボロボロにされた奴の行きつくところ。

・文化人類学者。薬の大好きな人々。
・僕は人とは趣味が違うんだというヤッピー野郎が、背伸びしてやっとものにした金髪女をつれてくるところ。
・パリのアート・スクールの学生が2年目の夏休みにフェリーを乗り継いでやってくるところ。
・アートを捨てきれない30に手が届いてしまうイギリス人の自然崇拝の男がひとり旅をする場所（子供ひとり有）。
・調査好きの建築家。アラビアン・ポップス研究家。
・宗教学者。麻薬の売人。
その中で最もまぬけなのが、熱の吸収率の最もよい黒の洋服しか持たずに日本から真夏のタンジールに本をつくりに来た男だろう。

遠くから眺めると球状の形をダラリとてっぺんに持つヤシより、大地の勢いをそのままに曲線を空に伸ばしてピンピンと立つ葉のヤシのほうが、なぜかイスラムの世界に合うような気がする。よくヤシの木はアメリカ西海岸の象徴になるが、僕にはなぜかイスラム世界の乾いた砂と直線と曲線の建築物とのイメージが強い。そのピンピンと葉の曲線を空に放つヤシを実際モロッコで見たときは、なにか長年の夢がかなったような気になり、モロッコの街々で見かけたそのヤシの木からはなにか高貴なプライドのような気持ちを与えられ、たびたび溶けかけた脳ミソをうまく元の形に戻してくれた。

夕刻、カフェ・ド・パリへ再度スケッチに出る。海風の旗のはためき、海を眺めじっとすわる人々。

チェックアウト、タクシーで空港へ。こっちのタクシー・ドライバーは領収書の存在を知らないのか、とぼける技をすぐ使う。

エアポートはシンプル、そっけない。人々は巨大な鳥を見るかのごとく飛び立つ一機の飛行機を見守っていた。

フランス人一家、女の子2人、父親。管制塔の上から近くの屋根に飛び立つ大きな鳥がいる。家族らしく巣を作って。夕陽を背景になごみ。

モロッコ・エアラインでフェズへの夜間飛行。窓からはほとんど点となった明かり（2ヶ所、小さな街）以外、終始真っ暗。着陸と同時に大きな拍手。思いは同じか。人類がひとつとなった喜びの瞬間にひたり、フェズに入る。街に向かう道路の周囲は殺風景。ときどき路上で話す人々。遅い夕涼みか。しかしこの時間こんなところで、毎日人々はなにを感じているのだろう。

フランス語しか話さぬタクシー・ドライバーは、ベルベル人の音楽が好みらしい。女のふるえる独特なボーカルが、この見たことのない夜の風景とあい、昔よく聞いた『MY LIFE IN THE BUSH OF GHOSTS』の空気が僕の頭をよぎる。

街中に入り右手に大きな壁が続く。不定期に開いた穴が興味深い。ホテル・パレ・ジャメにチェックイン。夜遅いのでホテルのモロッコ料理レストランに行くと、伝統音楽生バンド入り。ぎっちょのウード弾き。

小さな広場に面した雑貨屋には5、6人の若い女がいる。東洋系だが、みな国籍がちがう。外で2組の大きな若者が、素手でボクシングをやりだした。ときどき本気に当たる、にぶく肉を打つ音が不気味。そのうち店に入り、女をからかいだした。一番働きものの若い女が「NO!」と叫ぶと、アラブ系の男のひとりがその女の過去をあばきはじめる。

ロシアの少女が石の積んである場所で昔のルーブル札を売っているが、それを買う行為は恥ずべきことらしい。本人としても札束がコラージュに必要なのだが。

「メディナの坂」

「メディナのロバ」

7月18日

フェズ

808年に建設されたフェズはモロッコ最古の王都。世界最大の迷路といわれるフェズのメディナ（フェズ・ル・バリ＝ぼろぼろになったフェズ）を、ガイドを雇い探検する。市場、みやげ物屋、革染所、絨毯屋、銅細工。強烈な獣の臭気。尿。ミントの葉のダンゴ。コクリコの赤、サフランの黄。

真夏のモロッコを初めて訪れる脳天気な観光客のための形容詞は即、時間つぶしのジョークくらいにはつながると思うが、暑さのため笑いがヘナヘナとしおれ、脳がとにかくうまいぐあいに働かない、というより徐々に徐々に、なにかとズレてくるのだ。聞くわけがないという前提のもとに持ってきたウォークマンとカセット数本は、結局、後悔の重さとなりつつある。ここでは白人系の音楽はまったく無抵抗のような気がする。ロック系の音は脳ミソをいたずらに加熱するだけだ。この街の騒音とアラビア歌謡に身をゆだねる以外、なすすべはない。

世界で最もややこしいというフェズのメディナでは、まず楽器屋を探した。モロッコでエレキ・ギターを目にしたかったからだ。結局一軒探しあて中に入ったがそこは楽器専門店ではなく、さまざまな雑貨といっしょくたに店の奥（すごく狭い）の天井から、大きなエナメルのコウモリのように吊り下がっていた。

タンジールの街中を歩いていたとき、ジェラバのアラブ人が白いピックガードのついた黒のストラト・タイプをむき出しに抱え、こちらが日本人らしいと思ったのか「ジャポン、ジャポン」と言ってギターを差し出しそのままどこかへ歩み去っていったことがあった。あれは一体何ディラハムだったのだろう。モロッコでエレキ・ギターをかいま見たとき、昔日本に存在した「エレキの重み」を強く感じた。偉大な、そして不思議な「エレキ」という現象とギターが結びついて音となる、摩《ま》訶《か》不《ふ》思《し》議《ぎ》なオブジェとしてのギター、そして20世紀にそれを作り出した人間の素晴らしさといったものが、その瞬間アラブ式にドロリと内側へ流れ込んできた。

ヤギの脚を売る男。
小さな箱の中の人生。
シュクラン＝ありがとう。
アダモのインシャラー。
ガイドのモハメッドには、もうすぐ双子が生まれる。

人がどんなことを考えようと、すでに世界のどこかにそれを超えるものが存在するのだという、素晴らしさとともに表現するものとしてのある種の絶望感。それをプラスの方向に持っていってくれる、パワフルに生きぬこうとする人々の笑顔。

フェズで僕は、生まれて初めて1000年間ほとんど変わらぬ街並みというのを見た。僕は1000年前の街並みを見たことはないが、感激というよりなぜかあっけない思い。まあ、こんなところだろうというふざけた思いが起きてくる。

日常の中にマルセル・デュシャン糸巻機。老人と孫の笑顔。しかしいったい、だれが「芸術」なんかを思いついたのだ。このふたりには火星の言葉でしかない。

フェズのなめし皮工場

フェズのなめし皮工場の様子は、偶然テレビ番組で見ていて、モロッコを訪れる前に頭の中にあった。最初テレビ・モニターを通して全体を見たときは、さまざまな色を並べたインク壺《つぼ》のような印象がした。ガリバー・サイズの肉体を持ったランプ魔人の絵描きが、時折天から好みのインク壺にペンをおろすような、そんな光景を思い浮かべた。なめし皮工場に近づくにつれて、硫黄にけものをつけたような異様な臭気が強まる。ガイドのモハメッドは入口前のミント売りから1ディラハムで葉の束を受けとると、葉を丸め、両方の鼻の穴にしっかり詰めた。強烈な臭気で目が痛い。僕はその場に足を踏み入れた瞬間、18のころ初めて経験した牧場の牛舎と、香港の九龍城《カオルン》の中の様子を同時に思い出した。そこにとどまらなければという思いと、早く立ち去るのだという思いが平行線上を突っ走る。薬品の液から取り出したばかりのドロドロの皮の毛を、暗い穴ぐらで黙々と刃物のようなもので必死になめす少年の背が見えた。僕は意味もなく時計に目をやり、ギラギラの太陽を仰ぎ見るだけだ。

イカの神経――秒速20メートル
人間の神経――秒速60メートル
――神経細胞状の迷路、交互に変化しつづける＋（プラス）と－（マイナス）

大きな満月の中心にシャドウとして浮かぶ、空飛ぶ絨毯《じゅうたん》に乗ったアラジンの手前には必ず大きな丸屋根のモスクがあった。物には外側と内側がある。直線を持つ形と球状の形の丸屋根を組み合わすには、なんらかの方法で直線を円の持つ曲線へと変化させなければならない。それを極限の数式につきつめ、そして極限の美の世界に結びつけた世界がその丸屋根の内側に隠されていた、球を半分に切ったようなシンプルな形のモスクの内側は、実は目をおおいたくなるほど複雑な構造を持つ鍾《しょう》乳《にゅう》石《せき》装飾「スタラクタイト」と呼ばれる様式が貼りついていた。偶然見つけた、きれいな大きめの石に腰掛けて弁当を食べ終わり、ふとその石をひっくりかえしたら、そこには得体の知れぬ無数の小さな虫がじわじわとうごめいているのを見つけてしまったような、そんな思いがした。

質屋の店先で、ネック部が竹製の古い日本製エレキ・ギターを見つけ2万円という値段に買うのを躊躇《ちゅうちょ》している。店のオヤジがなにかブツブツ文句を言っている。ネックにはホコリが溜まっている。いったいどうしたらいいんだ。

アラブの街並み。地方のお菓子屋の前を通る。店先には細々とした雑貨がこれでもかと吊り下がっている。一瞬目に留まった銀紙にくるんだケーキのラベルの印刷に興味を引かれ、他のお菓子に見入る。お菓子はみんな、昔学校給食についていた雪印のプロセスチーズを少し大きくした形をしているが、上に貼ってある三角の印刷物がどれも素晴らしい。

「店先」

「サッファリーン広場」

7月19日

フェズ→マラケシュ

ロイヤル・モロッコ航空769／409　19時40分フェズ発、カサブランカ乗り換え、22時30分マラケシュ着

フェズ・ル・バリ、水瓶《みずがめ》、モザイク工場、瓦《かわら》。ミネラルウォーターの水源シディ・ハラゼン見学。

タクシーとエアポート。

夜11時過ぎ、ラ・マムーニア・ホテルにチェックイン。


初めて訪れた土地で、なぜかバスに乗りたくなるときがある。

世界最大のメディナ、フェズ・ル・バリ地区の入口には、ブージェルード門という青と緑の大きな門が立っている。メディナを抜け、その門を抜け、ひと休みしな

がら人々を眺めていると、なぜか一日前通り過ぎた、壁から500年分ぐらいの層をガラクタで表現したような一軒の店の様子と、その隙間《すきま》から時折顔を出して笑っていた老人のことが頭に浮かび、もういちどそこを訪れたい意志をガイドのモハメッドに伝えた。彼は僕のつたない表現がなかなか理解できなかったようだが、しまいに溜息とともに意志が通じる瞬間がやってきた。溜息は、僕の見たいその一軒の骨董屋《こっとうや》はブージェルード門と正反対に位置する一角の中の一軒であることの意思表示だったらしい。

門の外にはボロバスが、エンジンの熱気をフェズの迷路用ヒーターとして立派に役立てつつ何台も待機していた。モハメッドと僕は行き交う車と人混みをジョージ・ベスト式のフェイントで抜け、一台のバスに飛び乗ったのだが、もし真夏のフェズを走るバスの中の温度と臭気について多少の説明を受けていたら、おそらく僕は、頭に意味なく浮かんだその骨董屋の話はしなかったに違いない。

バスはすぐ街並みをはずれ、国道に出た。風景はガラリと変わり、左手には赤茶けた山並みと所々の緑が見え出した。そんな景色をボーッと眺めていると国道脇の谷をはさんだ向こう側に赤土の土俵のような場所が見えた。そこには白いジェラバ姿の老人が5、6人車座に坐《すわ》り、なごんでいた。その土俵状の場所にはそばの大きなヤシの影が落ち、なぜか僕にはそこが何か特別な場所のように思われた。僕には老人たちがカード遊びかなにかをしているように見えたが、定かではない。国道を走行中のバスから見えた一瞬の光景だった。なんの変哲もない木陰なのだが、いまでも僕の中には、あの一瞬に受けた極限の平和の感覚が残っている。

「いま」を突きつけられる場所

フェズの旧市街の中の細長の露地で、目の前の細いT字路で遊んでいた子供らをスケッチしようとスケッチブックのページを開き、ペンで線を描き始めたときだ。後方から「バラック、バラック」と叫びながら山のような荷を積んだロバを引いたモロッコ人がやってきた。あやうく身をかわしたが、おかげで子供たちはさっと散って遊び場を移してしまった。まあ、よくある話だが、こういうときは「こんちく

フェズでは、どうしてもモザイクを焼く陶器工場を見たかった。窯《かま》のまわりには燃やすためのユーカリの葉が積まれていた。厚い壁は壊れた陶器のかけらや石が土とごっちゃに組み合わされてススでいぶされていて、強い印象を与えてくれる。
案内されたモザイクのさまざまな形を削りだす小部屋では、10歳ぐらいの男の子が5、6人、仕事が終わったのか楽しそうにトランプをしていた。ガイドのモハメッドがなにか一つ形を作ってくれないかと頼むと少年たちはカードをほっぽりだし、われ先に原始的な形をした作業台へ向かう。一人の少年が3センチ四方のきれいなグリーンのタイルを床から無造作に拾うと、先の曲がった大きなハンマーでガッガッガッガッと手際よく形をものにし、笑顔で僕に差し出した。「ギフト」だという。少年たちは作業を終えるとまた、部屋の隅に戻りなにもなかったようにゲームを始めた。そのグリーンのタイルは、ひとりの少年のつかのまの作業で見事なハート形となり、僕の手に乗った。モロッコ病というか、モロッコにしばらくいると、人の好意がすべて金に見えてくる。僕はその小さなグリーンのハートのモザイクひとつにまたしても足払いを食わされ、そのおかげでモロッコ病から立ち直った。

しょう」と思いながらあきらめるしかない。もう過ぎ去ってしまった「瞬間」がかろうじて2、3の曲線で定着されたページは、それでもなにかしら形を残している。こういうとき、僕は絵とそれにかかる時間との不思議な関係のことを思う。

目の前に起きていることを絵で描くのは、カメラのシャッターを押すより「いま」が逃げやすい。描こうと思いペンのキャップをはずしたときには、目の前を通りすぎる人間はもう既に「いま」にはいない。あとは頭の中にいるだけだ。紙の上に定着するには明らかに手遅れのその人間は、描き手の網膜を通って紙の上に現れるわけだが、そこにはカメラとはまったく異なる時間が流れるような気がする。

いま目の前で起きていることをひとつひとつ絵にするのは不可能な話だが、少なくとも常に描けるところに自分を置いておきたいと思わせるなにか。モロッコはそんな「いま」を、僕に大いなるプレッシャーとして突きつけてくる。

水瓶は麻布で巻いてあり、木箱を台にしてメディナのあちこちに置いてあった。水を欲するものは順番を待ち、素焼きに黒い模様の入ったカップでとてもおいしそうに飲み干す。メディナ内には、やはりモザイクでおおわれた給水場がところどころにあり、そこには親から言われたのかプラスチックの2リットル入り容器を抱えた子供たちが遊んでいた。貧富の差はとても激しく見え、よくこれだけ汚い格好を思いつくものだという子供たちもよく見かけた。しかし、いじけた様子はまったくない。すべて笑っちゃえという底抜けの笑顔。

シディ・ハラゼン

モロッコでは、街中をぶらつくときには腕時計なんかより水が必要だ。何種類かのミネラルウォーターが店に置いてあるが、僕は〈シディ・ハラゼン〉という地名を商品名にして売っているボトルをよく飲んだ。そのつまらぬ動機から、フェズから東に10キロほどのところにあるというシディ・ハラゼンへ行ってみることにした。なにもない砂漠のハイウエイを行くと、ポツポツと人が増えてくる。色とりどりのプラスチック・ボトルを前かがみに20ヶか30ヶ担いで歩くモロッコ人を見かけたら、そこはもう近い。

ゆるやかな坂を降りると、直線的なイメージのコンクリートの広場とヤシの木が見える。東南アジアのどこかの動物園を思わせる広場には、その水を求めて何日もかけて訪れる人があとをたたず、5メートルくらいの四角い柱から湧き出る水のまわりで2リットル・ボトルの口を我先に差し出し、水を奪いあっている。20リットルの缶でも湧き口に差し出そうものなら、いっせいに罵倒《ばとう》が飛び交う。僕は気安く味見用に持ってきた小型水筒を、深い納得をもってカバンにしまった。

奥へ行くと高台に出る。山々が見え、そのふもとには大きなプールが見える。日本の海水浴場のように混んでいる。モロッコではプールで泳ぐことなんていうのは特別なことなのかもしれない。夜7時40分の飛行機に乗ってカサブランカへ。例によってカウンターの対応は非常にいい加減、荷物が心配になる。飛行機を乗り換え10時30分マラケシュ空港着。11時過ぎラ・マムーニア・ホテルにチェックイン。モロッコ随一と言われるこのホテルはアフリカン・デコの傑作らしいが、実はアメリカ的超悪趣味、目をおおうセンスではあるが、まあ経験として楽しもう。

焼きあがった土の瓦が無造作に積まれている。
いつの日か明けても暮れてもひたすら陶器を作っていたいと思わせる光景。能率とか整理とか、美意識の入る余地のない作業の結果は、ときに意図する以上の美の世界を作りだす。それにだれも気づかないというのが、信じられる気がする。
ゆっくり立ちのぼる黒煙、乾燥した土のカケラの山。

メディナの一角の映画館。極彩色のインド映画のポスター。古い木材に画鋲《がびょう》で留められたカラー・スチールの数々。トリュフォーの映画の中に出てくる、スチールを盗む少年の気持ち。カセット屋の前に貼ってあるアラビア語の歌手のポスター。溜息と嫉妬心しか起きない。

空からの夜の明かり

夜、飛行機からみるモロッコの街の明かりに人々の生活を考えるのだが、夜の街の、向こうの横丁や角を照らす裸電球にも似たその明かりは、その角を照らす極度に近い「いま」と、同時に遠い過去、遠い未来がダブついているような、奇妙な距離感がある。そこから生まれるある種の郷愁が、うんざりする暑さによる熱っぽい倦怠《けんたい》感を心地よく冷ましてくれ、それが単純で希望的な時間へとつながっていく。目の前にある裸電球のような淡い黄色の光のつぶは、「いま」の背後に遠い未来と遠い昔とをからめつつ、明日への思いという快い希望の中に僕をひき込んでくれるのだ。

60年代にVOX社によって製造された白いティアドロップ形のエレキ・ギターの写真は、ブライアン・ジョーンズという過去に生きたひとりの英国人を透かして、僕の頭の中でモロッコという単語と結びついていたが、こうしてその国を短時間にしろ経験してみると、やはりその形《かた》は実にモロッコ的だと思えてくる。

メサ・ブギー・アンプ社がスタートしたころ社長みずから建てたという、「犬小屋」と呼ばれた掘っ建て小屋の写真を見たことがある。木でできた小さなバラック小屋のモノクロ写真だったが、そのボロ小屋の中でメサ・ブギー・アンプを、夜な夜なひとりの男が必死に裸電球の下で組み立てている図が頭に浮かぶ。その光景を僕は、背の高い雑草越しに木製のペンキの剝《は》げ落ちた窓を通して見ているのだが、その図はどこか夜のモロッコ上空の窓から外を見た、仄暗《ほのぐら》くキラキラ点滅する黄色い街の明かりへの郷愁と、どこかで結びつく。蜘蛛《くも》の巣。

ジミ・ヘンドリックスのブラック・ストラト。ボディ裏の正体不明のトグル・スイッチのイフェクト効果。実際にそれを「見た」という当時のスタッフ、「なかった」という者。UFOの領域に似ている。

右用ストラトを左用に使用したとき、6弦はナット部から一番遠い1弦ペグに巻くので正常使用より弦が長くなる結果、アーミングの際、正常音より低い音が得られる。マラケシュ着。

マラケシュの空港から街中へ走る。のっぺりした広い道。タクシーの窓から右手に見えた、分厚い赤土の壁に開いた無作為の穴の列。赤茶色のざらついた土に開くその穴の闇は、小さいながらやけに黒く感じる。四角い穴、丸い穴、穴自体は空っぽなのに形をつくるところは、水に似ていなくもない。

モスクの中。何万人ものアラブ人に混じってすわっている。コーランの時間らしい。水の神に対する感謝の儀式らしく、一人ずつオレンジのカケラを持ち、それを頭の位置にかかげそしてひれふし、もう一度頭を上げ、口をつけるという動作を何度もくりかえす。3、4回目が終わり、自分は左ききで今まで左手でその動作をくりかえしていたことに気づき、すぐ右手に持ちかえる。無言のプレッシャー。

「ロバと子供」

「殺虫剤のハエ」

「歯医者の入口」

「モザイクのかけら」

7月20日

マラケシュ

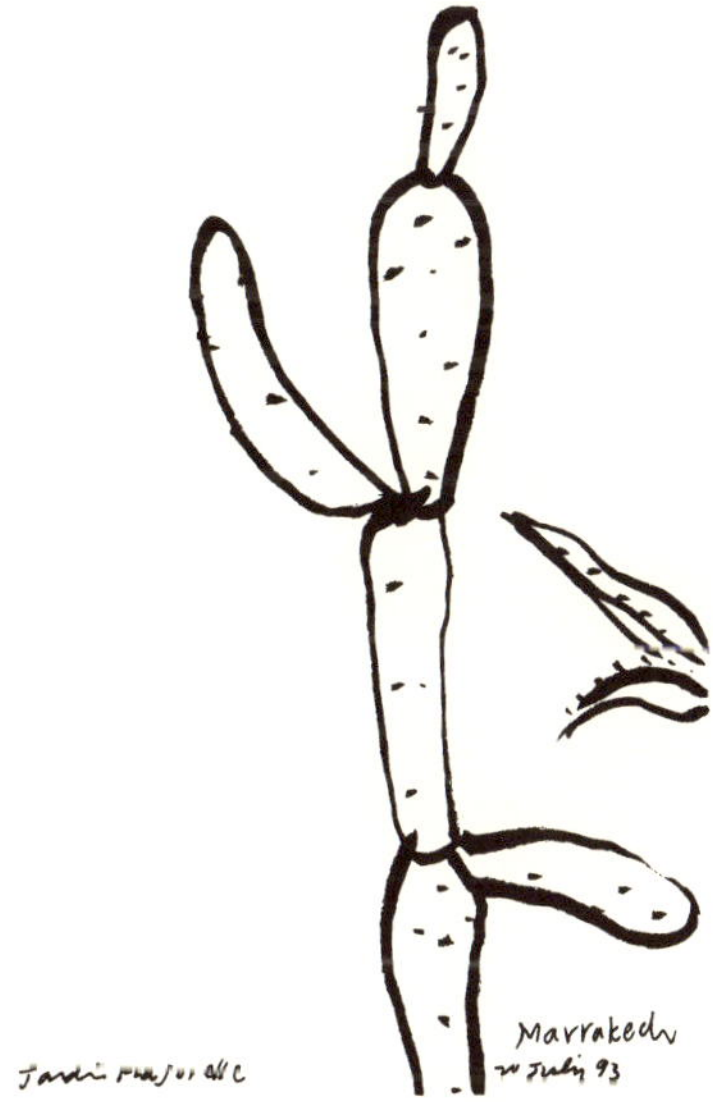

朝食に出るハリラー（豆や穀類を煮込んだモロッコのスープ）は味噌汁に非常に近い感覚。ホテルの広大な庭。サンローランのジャルダン・マジョレールは人工楽園。ジャマ・エル・フナ広場（死者の広場）の耐えがたき喧騒。

原色の花々が咲き誇る広大な庭に面したカフェ・テラスに朝食を取りにおりていくと、タンジールのホテルで毎朝見かけたオカマ風ドイツ人ふたりを発見。タンジールと同じくお揃いのカーキ色サファリスーツに黒長ブーツ、白いパナマ帽、巻ヒゲ、細紙巻シガレット、足組み、コーヒーカップ小指立て…完璧にヴィスコンティの世界に浸りきっている。

食後に庭を散歩、撮影とスケッチ。マラケシュに入って、今回初めて花の美しさを感じた。メディナの人々を観察することの時間が多かったこと、そしてそのことに無意識に疲れていたことも、もちろん関係があると思う。

　ホテルの部屋の窓際にある横長のテーブルに色鉛筆を並べる。36色のやつを持ってきたのだが、いつも出がけに10本ぐらいは増えてしまう。そして必ず使わない色が出る。結局色鉛筆は5、6本あれば充分なのだろう。後になって気に入る絵は、不思議とあまり色数が多くないような気がする。

　机の上に並べた色鉛筆を眺めていると、なんとなく人と欲望の度合いを思い浮かべる。1本手に入れると2本欲しくなり、それは3本、4本…と限りなく続いていく。そんな自分の欲深さがイヤになるときもあるが、僕は1本しか色鉛筆を持たぬ人間もあまり信用しない。僕は欲をそぎ落として、なにも持たぬ賢者を尊ぶ傾向がすごく嫌いだからだ。

　それは賛同を得やすい本質の一部ではあるが、行きつくところまで物を持つ愚者というのも本質と言えなくもない。結局この世に「好きな絵」や「嫌いな絵」はあっても、「いい絵」や「わるい絵」なんていうのはないのかもしれない。

昼寝の後、タクシーでジャルダン・マジョレールへ。アールデコ期のフランス人アーティスト、ジャック・マジョレールによって作られたこの、世にも美しい庭園は、現在イヴ・サンローランによって買い取られ一般公開されている（隣にはサンローランの別荘あり）。マジョレール・ブルーと呼びたい鮮やかな青の建物や装飾と、サボテンとの配色のミックスが素晴らしい。

夕方、プチタクシーやバスで通勤帰りのモロッコ人たちを横目に、あまりにも有名なジャマ・エル・フナ広場に向かう。その昔公開処刑場だったことからその名がついたという（ジャマ・エル・フナは「死人の集まり」の意）フナ広場は、なんといっても60年代後半のヒッピーの聖地として有名である。

しかし今世紀も終わりへ近づいたいま、かつて処刑場であった場所で大道芸人の巣窟《そうくつ》となったフナ広場について、なにを書いたらいいのか。僕はマラケシュの大道芸などに興味はないし、水売りやヘビ使いなどまともに素晴らしいと言える神経など、とうの昔に忘れてしまった。そんなものはまったく信用していなかったし、それを目的にするほど、その地をナメてはいなかった。その場を僕がどう感じるか、ただその一点にしか興味はなかった。

夕陽の沈むころ、そこへ行った。人、人、人の大広場を歩くと、タンジール港に着いたときのガイドの執拗《しつよう》さの、10倍ぐらいの圧力で金を目的に言いよってくる。金だ。金がすべてだ。ここではなにはともあれ金がすべてなのだ。カメラ持つ手に思わず力が入る僕は、ここではヨソモノのカモでしかない。いきなりサルをこちらの肩に乗せ「フォト、フォト」と叫ぶやつ、行く手をふさぎベルをならし首ふりダンスをしながらついてくるやつ、ヘビを首にまいて記念写真を撮れと迫るやつ、強引に品物を押しつけてくる物売り。みんな金、金、金、金だ。特にこの季節モロッコをうろつく日本人などいないためか、「シノワーシノワージャポンハイヤー」と、定番あいさつで金をせびる。落ちついて見物など不可能。こちらの気持ちの余裕など関係ないのだ。とにかく人々の東洋人に対する視線は強い。そこに向こう側の好奇心は感じるが、僕にはあまり親しみを持てる視線には思えなかった。

広場を囲むビルの、屋上のカフェの階段を昇ってみることにした。

「上からこの広場の群衆を眺めたらさぞかし素晴らしいであろう」という、世界中の99%のヨソモノ観光客が思い、そして辿《たど》る思いつきとなんら変わりない行動としてだ。ビールは10ディラハムもした。見物代込みのモロッコ式というやつだろう。しかし僕には安く思えた。一番よく見渡せる場所からしばし、ただ眺めた。かつての処刑場の上にいる、1993年7月の群衆をただ眺めていた。

しばらくして完璧なトリップ状態に突入していった。音だ。下から聞こえるベルやフエやタイコやクラクションや絶叫や、とにかくあらゆる音の間断ない音響の渦巻が、エコーのように風の流れに乗って這い上がってくる。もはや、僕にとって目の前の光景はなにかの一部と化していた。このとめどなく湧き起こってくる音は、すべての血を吸い尽くす巨大な吸血コウモリのようだ。

視線を下に移すとそこには「いま」があり、僕のほうは音とともに、屋上と同じレベルの宙にいた。なにかまったく別の世界が空中を支配し、そこにはめちゃくちゃな時間軸上に配置されたドップラー効果の怪物のような、ある感覚の空気が、あらゆる人間の時空間感覚をひっかきまわす強力ななにかとして、すぐ目の前にどんよりと在った。

けだるくのたくるマラケシュの黄色いホース。

テレビでCNNニュース――「タイで、ヘロイン密輸の罪で3年間投獄されていたイギリス女（20歳前後）がきょう、国王の恩赦によって釈放された」天気予報ベルリン15度　ウィーン22度　マドリッド32度　リスボン36度　モスクワ16度　アルジェ27度　ダブリン18度　バグダッド15度　ヘルシンキ20度チャンネルを変えると、決まった時間帯に流すコーランの画面と音。一筆書きの星が舞うと11時40分ごろ放送が終わる。

日本の地方の街中、左手に古い木造の日本家屋が並んでいる。どの家も屋根の上に茶屋のような小さな家がのっているがどれも古く、みな骨組みだけが残っている。

トイレに入ると、60年代のマイナーなアーティストの薄いカタログが2冊。散乱したカード類、目玉の模型（レンズはセルロイド製）。人形をつくるアーティストで、初期の作品が素晴らしい。

「ジャルダン・マジョレールにて」

「ジャルダン・マジョレールにて」

7月21日

マラケシュ

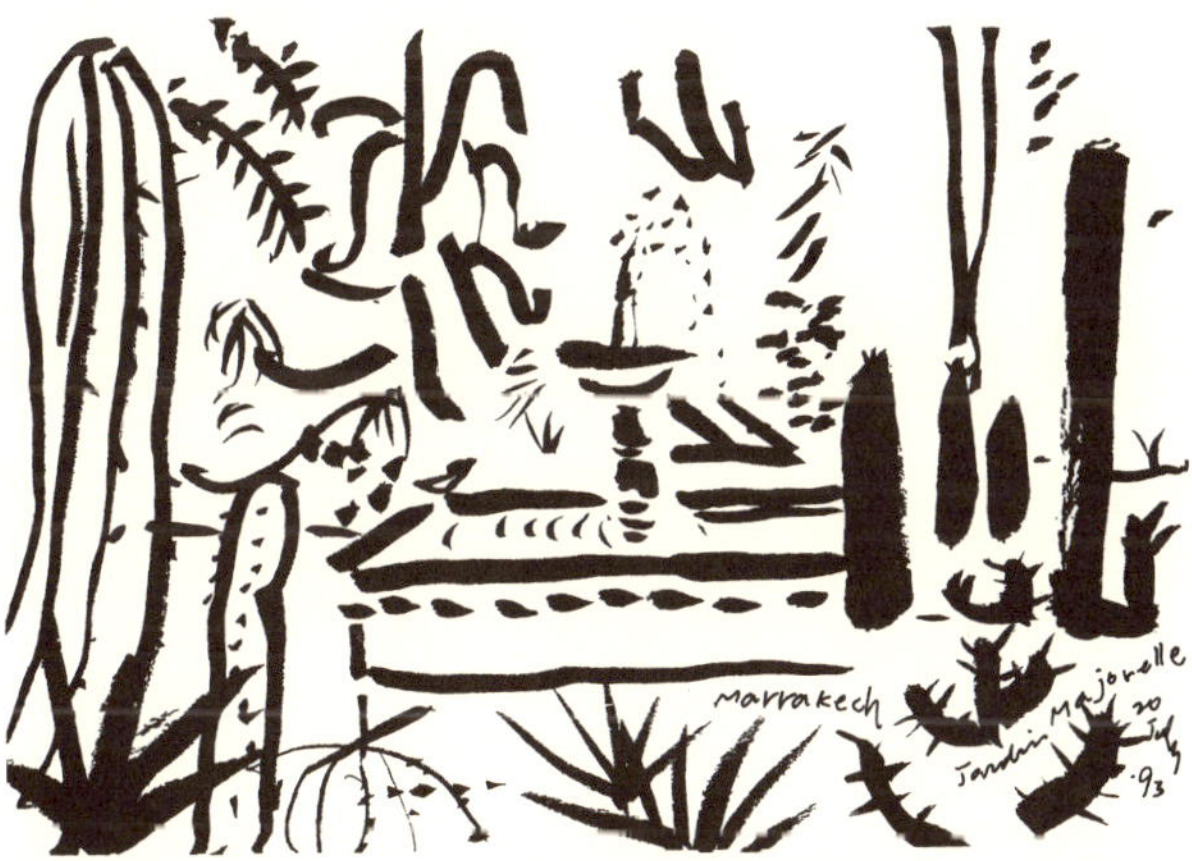
Marrakech
Jardin Majorelle 20 July '93

激暑。ひどい排気ガス。
ジャルダン・マジョレール再訪。
フナ広場再訪。
チューニングの狂った風景画。水彩。マラケシュの穴。

微熱——a slight (low) fever (temperature) febricula (原因不明の)

待つ間

水彩やインクが色鉛筆や鉛筆と違う点は、描いてすぐスケッチブックのページがめくれないところだ。にじんだり、いま描いたところがそのまま終わらないほうがおもしろそうだと思うときは、ガバッと勢いよくめくりつつなにかを心の中で祈るが、そうでないとき、もしその一冊しかスケッチブックを持っていないときは、乾くのを待つ。ページを破いて乾かし次の絵に行けばいいじゃないかという手もあるが、僕の場合たいてい待つ。水彩画はこの「待つ」という気持ちの状態がその絵に大きく作用するし、その間に予想外の展開も起きることが多い。せっかちな描き手としては、次をなにかいい方向へ向かわせる「間」を秘めたもののようにも思える。すぐに乾く便利な水彩やインクがこの先発明されても、たぶん僕は使わないだろう。「子供のころの、抜けかけてぐらつく歯を内側から舌でつつく感覚」

マラケシュ、ジャルダン・マジョレールのサボテン園。マラケシュの騒音と排気ガスからとりあえず逃げ出すには、ジャルダン・マジョレールのサボテン園を訪れるといい。青や黄の強烈な色彩の建物と、どこか人工的な匂いのする不思議な静寂が、さまざまな種類の巨大なサボテンの隙間に見え隠れし、庭園の歩行者はマラケシュの光の粒になったような感覚に陥る。あらゆる方向に乱射する固い葉の先で、なにかしら法則のようなものの指示を出しながら固まってしまったサボテンの影。

サボテンのトゲを持つ、青、赤、黄に塗られた太陽光線銃。

マラケシュの穴

タンジールやマラケシュの街を歩いていて、僕の頭には「チューニング」という単語が何度か浮かんでは消えた。

どの国のどの街にも、どこかしらチューニングの狂った風景といったものがある。チューニングの狂った楽器による演奏を長々と聞くのは耐えがたいが、その音が鼓膜を直撃した瞬間の違和感、ズレといったものが長く自分の内側にこびりつく場合がある。

そしてそれは、好き嫌いを超えたところで奇妙な視点を与えてくれる場合もあるのだ。多分にチューニングの狂いかたと自分の神経の状態によるのだろうが、その角度のようなものが妙に一致したときにはなにかしら不思議な感情が残り、体内時計の一部に組み込まれる。

車が増えたのか、街中には雑な駐車場がたくさんあった。高く白い土壁の表面には、駐車中の車のフロントグラスがモロッコの太陽を反射し、不定形の光の絵を映し出している。モロッコのコンセプチュアル・アート（マラケシュ・ライトグラフィティー）。

大通り沿いの埃っぽい歩道にはところどころ、地下の配線配管用かぽっこりと穴が開いていた。直径30センチ以下の大小さまざまな穴なのだが、中を覗《のぞ》いても暗く底は見えない。穴の配置に興味は持つが、夜道の歩行や子供、酔っぱらいの心配がないでもない穴々でもある。

唐突に開く穴々の羅列に単純な興味を覚えると同時に、僕はマラケシュの地熱にじっと耐え、穴々の奥でけだるくうごめく得体の知れぬ液体状生物のこと、小学校の理科の教科書で見たアリの巣の断面図、プラハの夜道で見た、だれもいないスポーツ洋品店ディスプレイの目玉のない子供のマネキン、パリのカタコンブで肩が触れそうになった湿ったシャレコウベ、乾いたカメの甲羅などが、奥村チヨのビブラートがアラビアン・ポップスのチープなシンセサイザーの音に乗ったごとく頭に浮かぶ。滝の落下する直前の水の流れはときに科学者の脳髄を直撃するらしいが、夢の中で突如襲いかかるそんな落下感覚、あるいは南海の夜の浅瀬にのたくる真っ黒いトラザメをそっと覗くような奇妙な穴々。石神井《しやくじい》公園のワニ。

緑川アコの『カスバの女』のシングル・ジャケットは、アラブであるがイスラムではない。とてつもなくアラブ的であるが、断じてイスラム的ではない。

海辺。曇り空。老人とふたりで将棋のようなゲームをしている。老人は名人らしく、コマの並べかたが独特らしい。老人の王将はロクロで抜いたデコボコの円柱形をしている。コマはどれも細長い。

よく見ると老人の膝元にチョコンと岩が突き出していて、王将のコマはその上に乗っている。海水がときおりチャプンチャプンと左端にかぶるのだが、突き出た小さな岩も海水も、なにかゲームに重要な役割を果たしているらしい。手持ちの一コマ（角、香）を張ろうとすると、老人はこちらの王将をつまみ「いいの？　取っちゃうよ、それは香子《キョウス》だよ」と言う。あと二、三手で老人の勝ちらしいのだが、どうしても岩の上に乗った老人の王将ゴマと海水がときおりかぶる部分のルールが理解できない。

広場。群衆。中央に直径10mくらいの深い大きな穴。その穴のまわりを大勢の人が囲み、白いスズランの花を編んで作った丸いボールでケマリをしている。

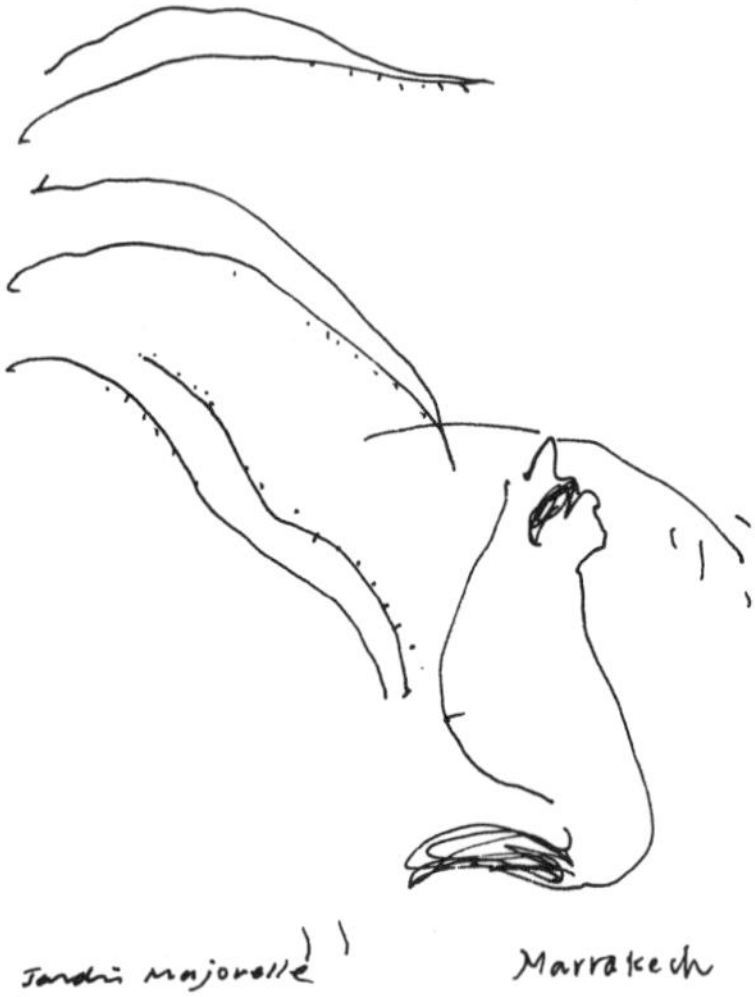

「工事中」

「カセット・カバーの男」

7月22日

マラケシュ

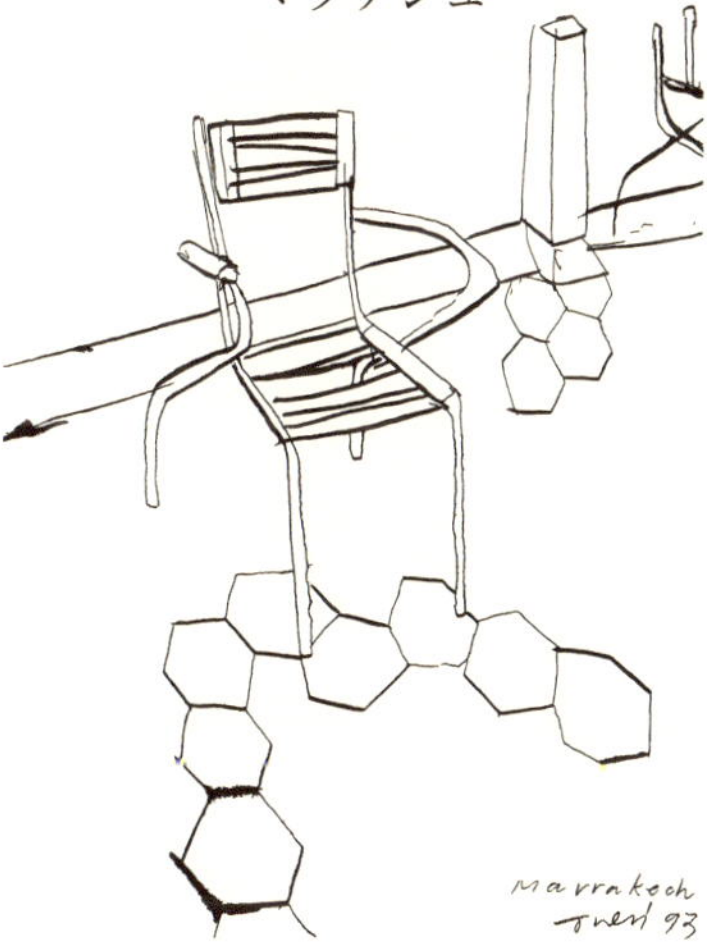

新市街の中心はモハメッド5世通り。ショッピング。アラビア文字の入ったサッカー・シャツ。ビアガーデンの赤いライト。観光客用の路上小汽車。パッキング。

ガイドブック(『地球の歩き方』)には特に見るところなしと書かれている新市街を歩いてみる。中心のモハメッド5世通り沿いをぶらついてみると、広い道路の両側にビジネス用のホテルや商店が並び、タンジールよりずっと都会的な大きい街に感じる。地元の人々のためのレストランやカフェも多い。旧市街のメディナは確かに興味深いが、タンジール、フェズとメディナの中を歩きまわったせいか、正直なところマラケシュではそうした単なるだだっ広い普通の通りのほうに惹《ひ》かれた。

マラケシュの耐えがたい午後の日差しの下、ストリートは静まりかえって歩く人もない。オフィス街の角に面した店で羊肉の串刺し炭火焼きを、ぬるいコーラで流し込んだあとホテルに戻る。

ストロボをたいて撮影すると、一瞬の強烈な光とともに対象となる像が網膜に焼きつく。光をいっさい遮断した部屋の中で像が焼きついた何秒間かは、目を開けても閉じていても関係のない状態におちいる。

目を閉じながら見る風景は実に不思議だ。「見る」ことの不思議さと頼りなさを、いっしょに感じることになる。まったく目を閉じていても、たとえば風景の中にある窓の数は、実際にその風景を一瞬しか見ていなくとも像が徐々に消えゆくあいだに数えることができる。

目の前の、極限の光に包まれた通りを色とりどりのカフタン、ジェラバ姿の人々が行きかうのが確かに見えるのだが、瞬間、目の前の光景が宇宙の真っ暗闇と結びついてしまったような感覚におちいる。これほど光にあふれ、色が強烈な意志を持ち、自分の内側に入り込んだ体験は初めてだ。そしてその光景を紙に移動させることになんのためらいもないはずなのに、そのあいだにもうひとつ「間」が必要なことに気づく。きっと風景の中に坐り、見て描いたほうがいい風景と、目に焼きつけたまま汗だくで部屋に帰り、水のシャワーを浴びているときのほうがくっきり見えてくる風景とがあるにちがいない。その、見てから写しとるまでの「ズレ」の差は、風景の季節、その光や天候によっても大きく異なるのだろう。

もしかしたら僕が体験してきたモロッコでの時間そのものも、そんな感じなのかもしれない。モロッコに関してまったく無知な自分の時間の流れの中で、体験が一瞬光り、そして徐々に消えていく。僕はいったいなにを見たのだろう。なにをと言い切ることはできないが、確かになにかが、粘度の強い液体になって脳ミソの中をダルくのたくるのだ。

東京というのは変なところで、海外から戻って新宿の歌舞伎町を2時間もぶらつけば、もう過去の時間を消してしまう強い酸性の同化作用を持つ。きのうまで月面歩行をしていても、それを一瞬に「人生のひとコマ」に閉じ込めてしまうものがある。それに抵抗すればするほど、アリジゴク的なワナにおちいるのだ。しかし、今回はまったく違うであろう予感がする。プラカードを抱え髪を染めたパンク兄ちゃんにティッシュパックを渡されても、CD屋の物量に囲まれても、エレベーターガールの売場説明を耳にしても、2000光年後も繰り返しているであろう「お兄さん、いい子いるよ、ねっ、こっちこっち」の声にもかき消されない、なにかが残るであろうことを感じる。

捨て忘れたサイフの中のレシートは、サイフの内側の色を吸い込んでみちがえるほど美しい色あいに変色している。こういう瞬間すごく得をした気分になり、早く家へ帰って絵の一部に置きたくなる。そんなことなら意図的に薄紙でもサイフの中に入れておけばいいだろうと思う人がいるだろうが、なんとなく意図的にはする気になったことはない。まったく違うことなのだ。

カオスの極限には、きっとモンドリアンの「ブロードウェイブギウギ」がずっと複雑に見えてしまうほどシンプルなタテヨコの世界が、どうしてもあるように思えてならない。

新市街のビアガーデン。赤いライトの並ぶ低めのビルの屋上が、日本の夏のビアホールを思わせるのでそこで晩メシ（クスクス、タジン）。車道を走る観光客用の小汽車が、客をぱらぱら乗せつつ奇妙な音を発してときどき通り過ぎる。

相撲観戦。小錦が大きなシロクマのようなぬいぐるみを着て出てきた。目玉の取組として、土俵の相撲取りは動物のぬいぐるみを着てとるらしい。土俵ギリギリまで迫った客席の脇には、食べたあとのドンブリや皿が所せましと重ねてあり、天井まで続いている。

江戸川乱歩風の洋館。アールデコ風のビルの入口を入ると左手に木の階段があり、踊り場の隅には3メートルくらいの丸い放電管が立っていて、時々バチバチと青白く鋭い光を放っている。レス・ポールの仕事場のようにあたりは古い機械が散らばっている。そこはコンサート会場らしく、若い女が多い。僕は革靴をバスケットシューズにはきかえなければならないが、手間取ってうまくいかない。そのうちに開演のブザーが鳴り人々は足早に席へつく。トイレに行きたいが靴の問題が先だ。ざわついた雰囲気の中、やせたミュージシャンが白いスーツ、脂ぎったオールバックで出てくる。

大声で「This is not love」をアカペラで歌い出した。右隣には大きな黒人。歌が終わり、スポットライトが変わるとその歌い手の顔が黒人色になる。まったくまるで黒人だ。どうやら顔にはライトによって変化する塗料が塗ってあるらしい。隣の黒人はそれを見ると陽気に手をたたいて笑い出した。ワニのぬいぐるみがまるで本物のように動いている。

「カフェ、モハメッド５世通り」

「家路」

「クトゥビア」

7月23日

マラケシュ→ロンドン

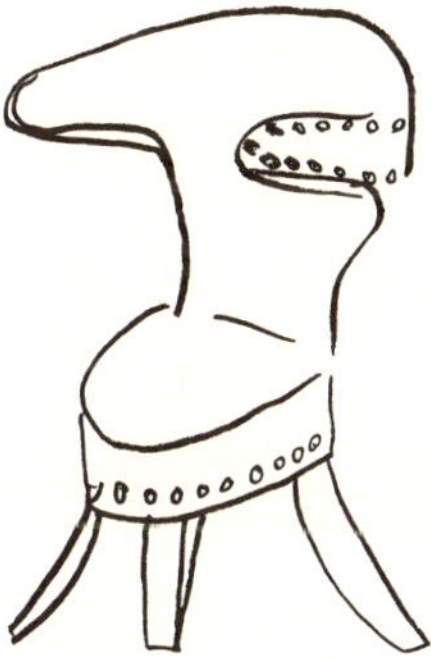

ロイヤル・モロッコ航空968／916　8時30分マラケシュ発、カサブランカ乗り換え、9時56分ロンドン着（時差2時間、フライト・タイム2時間45分）

モロッコをまわってヨーロッパに入ると、歴史に裏打ちされた、アルファベットの字間の整った文字の並びに大いなる退屈を覚える。

いつだったか、やはり夕方遅めにヒースローからホテルに到着したことがあった。ラッシュを終え、混雑を一段落すぎたあたりのロンドンの街にそんなときフラリと出ると、芝居の楽屋裏に突然迷いこんだような気になる。

お立ち台

『マティス・イン・モロッコ』という展覧会カタログがある。1912年から13年にかけて、モロッコをモチーフに描かれた絵画や線画をまとめたものだが、関連作品や、マティスが友人や妻あてに送ったポストカードなども図版資料として収められ、見ていてすごく楽しい。マティスが書き送ったカードの他にも、風俗、風景の参考としてそのころの絵葉書も入っている。

モロッコのホテルや路上で僕はたくさんの色鉛筆画を描いたが、その中の一枚に丸い屋根を持つ小さな聖人の墓を描いたものがあり、それがこの本の中のポストカードの構図と非常に似ていて、気分が高揚した。もちろんタンジールに聖人の墓はたくさんあり、それがほんとうに同じかどうかは僕にはわからない。でも、昔ポストカードを作る目的で、カメラマンが大きな写真機を汗をかきながらその場に設置し、銀版を注意深く露光していた同じ地点に、80年後真夏のタンジールの太陽の下日本人が、手の平の汗で紙が濡れないように注意しながら色鉛筆画を描いているのを想像するのはけっこう愉快だ。

僕は、好きな画家なりカメラマンが切り取った地点に立って風景を眺めるのが好きだ。別にどうということはないのだが、どうということはない変な緊張感がある。写真より絵のほうが即興的要素が入るから、より興味が深いかもしれない。切り取られた四角い画面は、基本的には目の位置が基準になって出てきた結果だが、その地点に立つということに、時空を超えて昔その地点にいた本人とスーッと重なる妙な感覚が生まれる。だからどうしたということにはかわりないが、だからどうしたという妙な一体感が僕には興味深い。

画家はなぜそこに立ち止まり、目の前の風景をくりかえし眺め、網膜に焼きつけようとしたのか。なぜ、その地点であって5メートル左ではなかったのか。限られた四角の中で、なぜ左の空は描き右は省いたのか。なぜ同じ所で、くりかえし同じようなスケッチを何枚も描いたのか。なぜ5枚描いて6枚目は描かなかったのか、そんなことがその地点に立つと不思議と頭をめぐる。

この本には当然僕が描いたすべての絵は入っていない。僕は結局、11日間のモロッコの時間の中で、200枚のスケッチと1000枚の写真を撮影した。目にするすべてを写しとりたくなるほど、それは素晴らしい瞬間の連続だった。真夏のモロッコを歩きまわるというヨーロッパ人にとってはただのバカな行動、目盛りを「強」にあわせた電気コタツを帽子がわりにしたまま、汗をしたたらせつつ網膜に焼きつけた光景は、ただの光景であることを超え、灼熱のアラビアン・ポップス、熱気にむせかえるスークの臭い、そして海風などが強烈にからみついて、いまとなっては真夏の時間の中で一瞬強く光ったストロボ光線のような、そんな忘れがたいイメージとなって頭の中に残っている。だからこの本のためには、風や、匂いや音や雑音や光など、僕が経験した空気のようなものが少しでも定着していそうなものを選んだ。それがいい絵なのか悪い絵なのか、僕にはまったく興味がない。でも僕はこれらの絵を眺めると、あの灼熱のモロッコの日々がぽーっと穴だらけのモノクロ映画を眺めるように甦ってくる。

いままで何度も外国を訪れたが、今回帰国してからのいままでの自分の反応と違う点といえば、訪れた国と日本の比較という考えがまったく起きないことかもしれない。それは、あそこがやはり「異国」だからに違いない。いまや世界中どこへ行っても、人々が集まる有名な広場には「SHARP」「FUJI」「SONY」といった巨大なボードが見え隠れし、その空気は日本へ否応なしにつながってしまう回路があるが、あそこに僕はまだその回路を感じなかったということなのだろう。

あの、海風のぶちあたるフランス広場脇の高台はいったいなんだったんだろう。世の中、世界各地になにかしらの意味を持つ「お立ち台」があるとしたら、あそこはまさにそれだ。いま僕にとってアラビアン・ポップスの基準は、そのタンジールの夕暮れのお立ち台が見え隠れするものにかかっている。あの毎夜のお祭り騒ぎはいったいなんだったんだろう。なんだか知らないが、僕はあのワケのわからぬ喧騒の夕暮れに、甘く切ないアジアの地平線を見てしまうのだ。

1994年1月、宇和島にて
大竹伸朗

銅版画作品／モロッコ・シリーズ

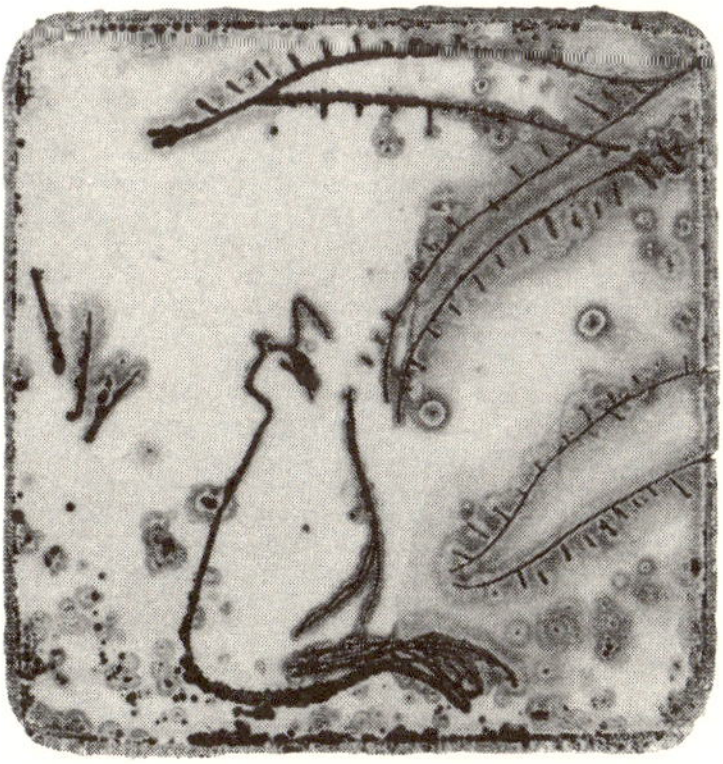

「サボテンと猫II、マラケシュ」

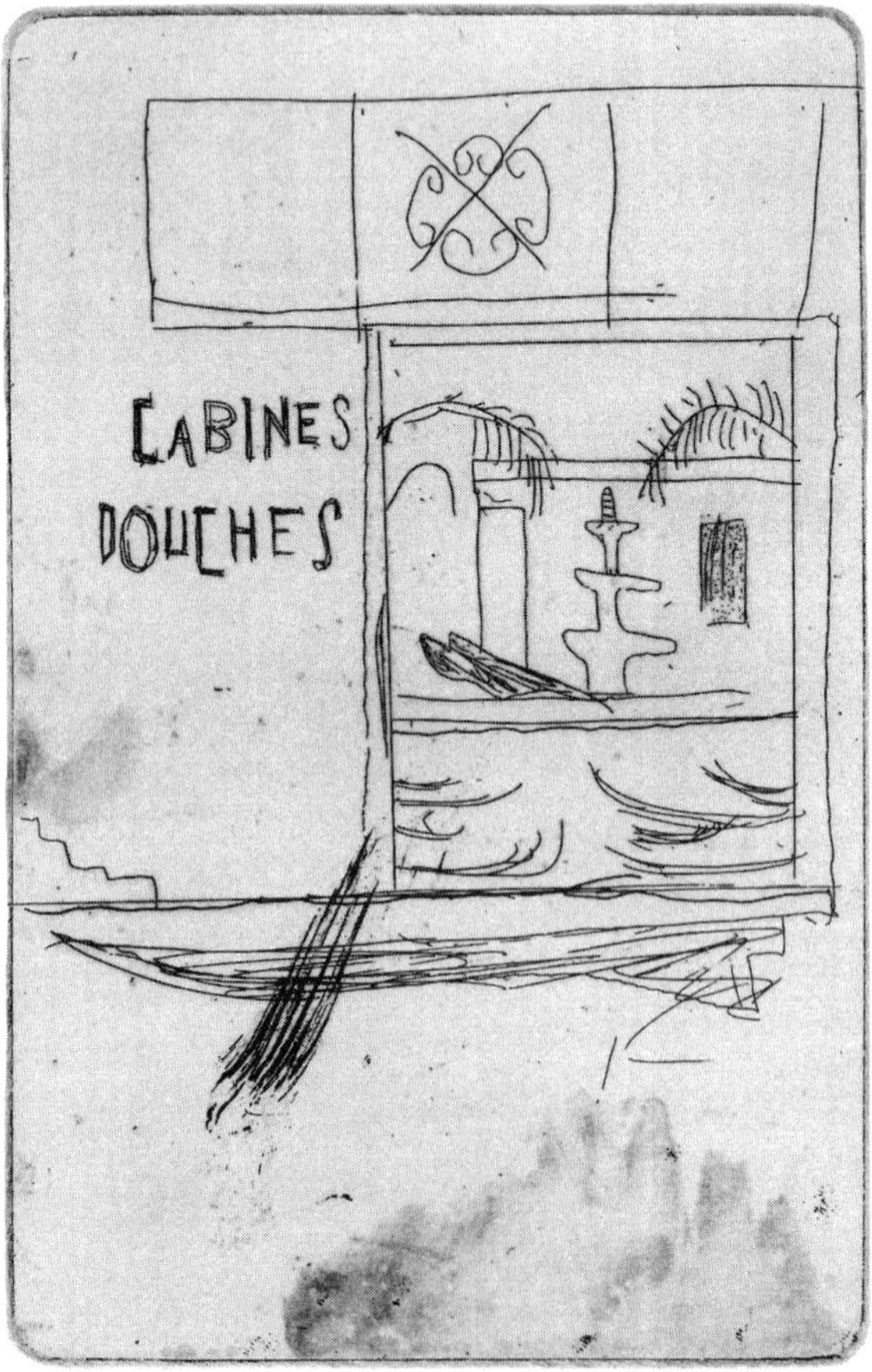

「海の家、タンジール」

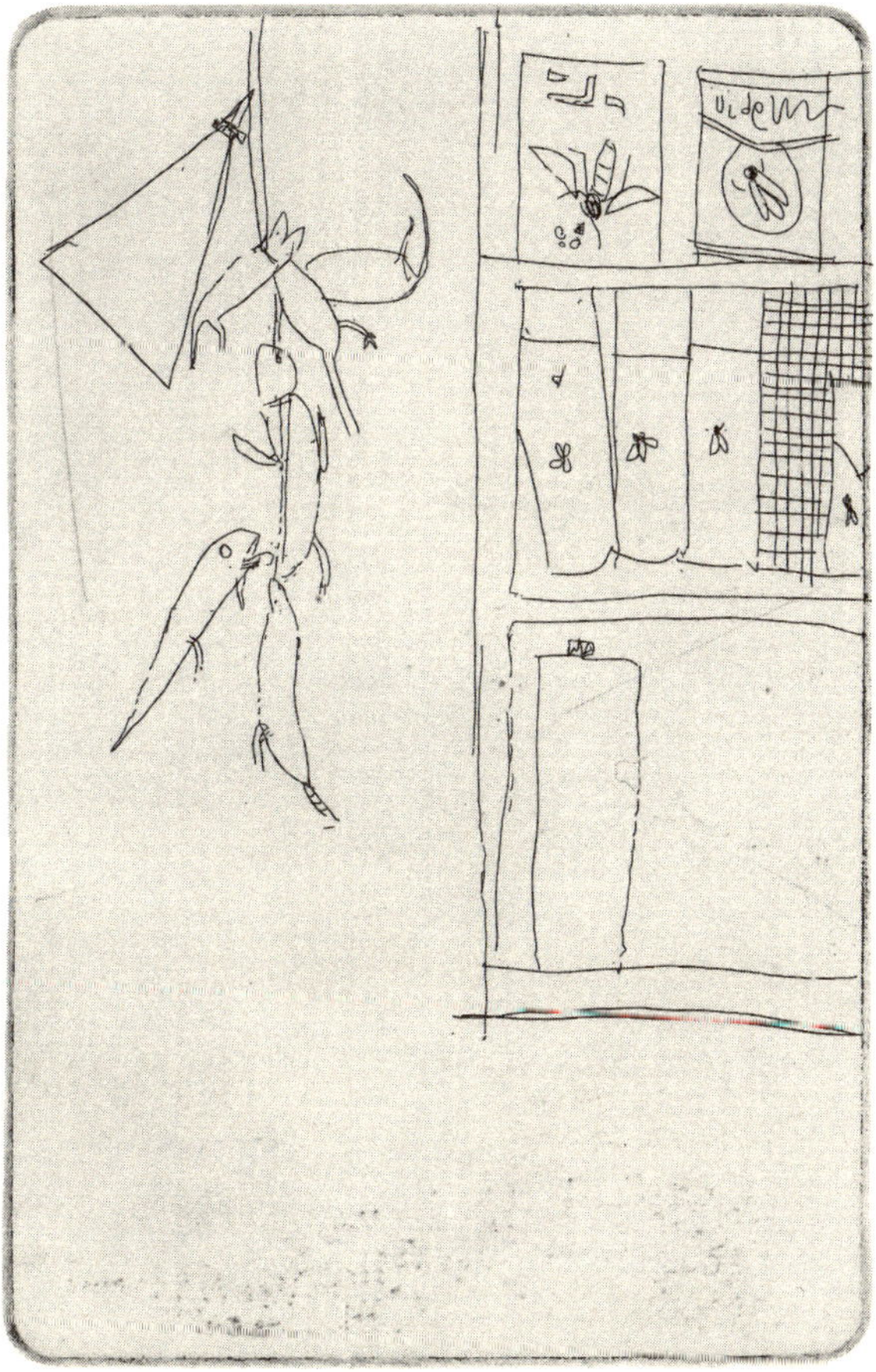

「店先、カスバ」

「バー入口、タンジール」

「ホテル・マシリア」

「アシラ」

「フランス広場、タンジール」

「シャワー室の壁」

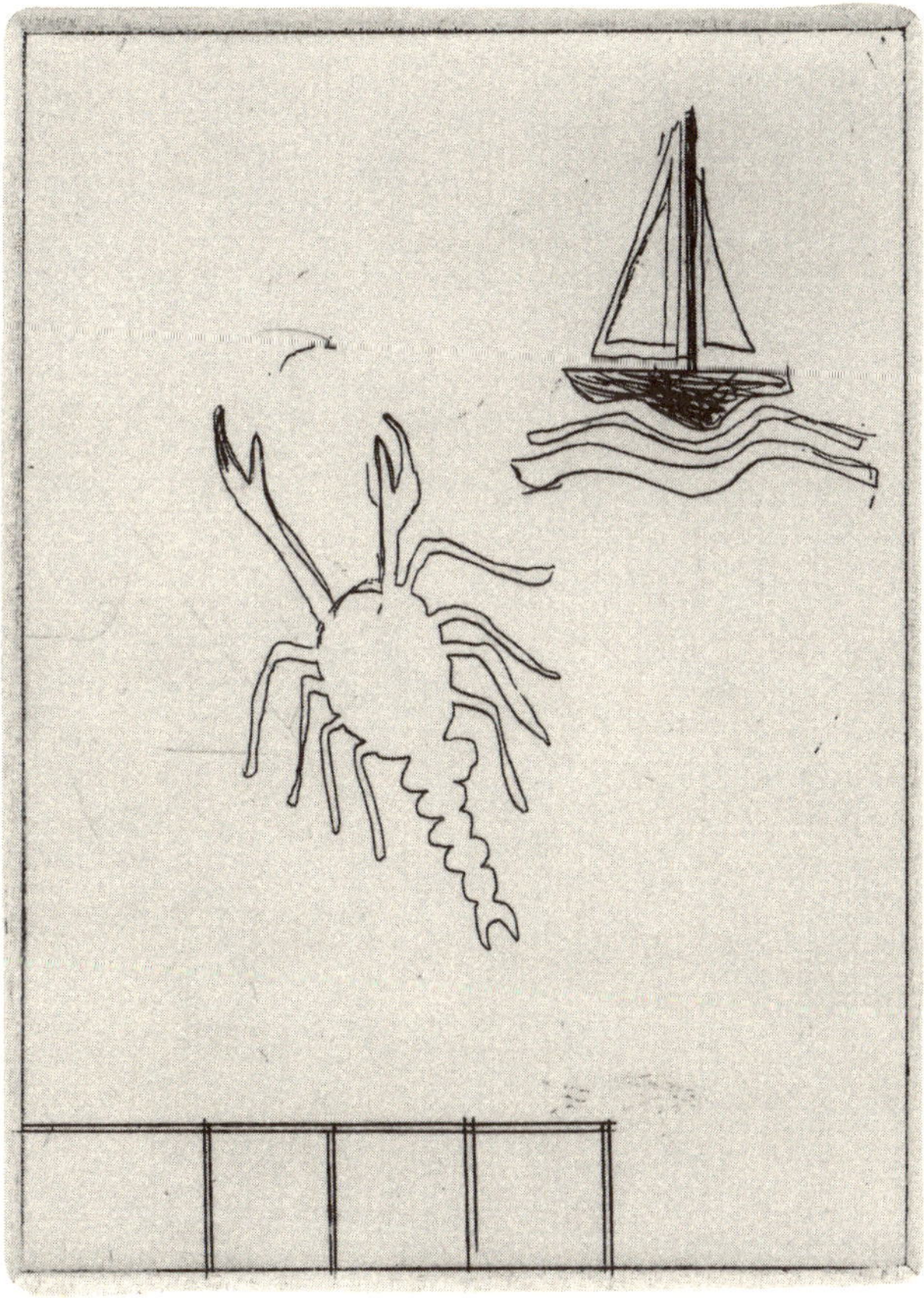

「バーの壁」

「サボテン」

「マラケシュの庭」

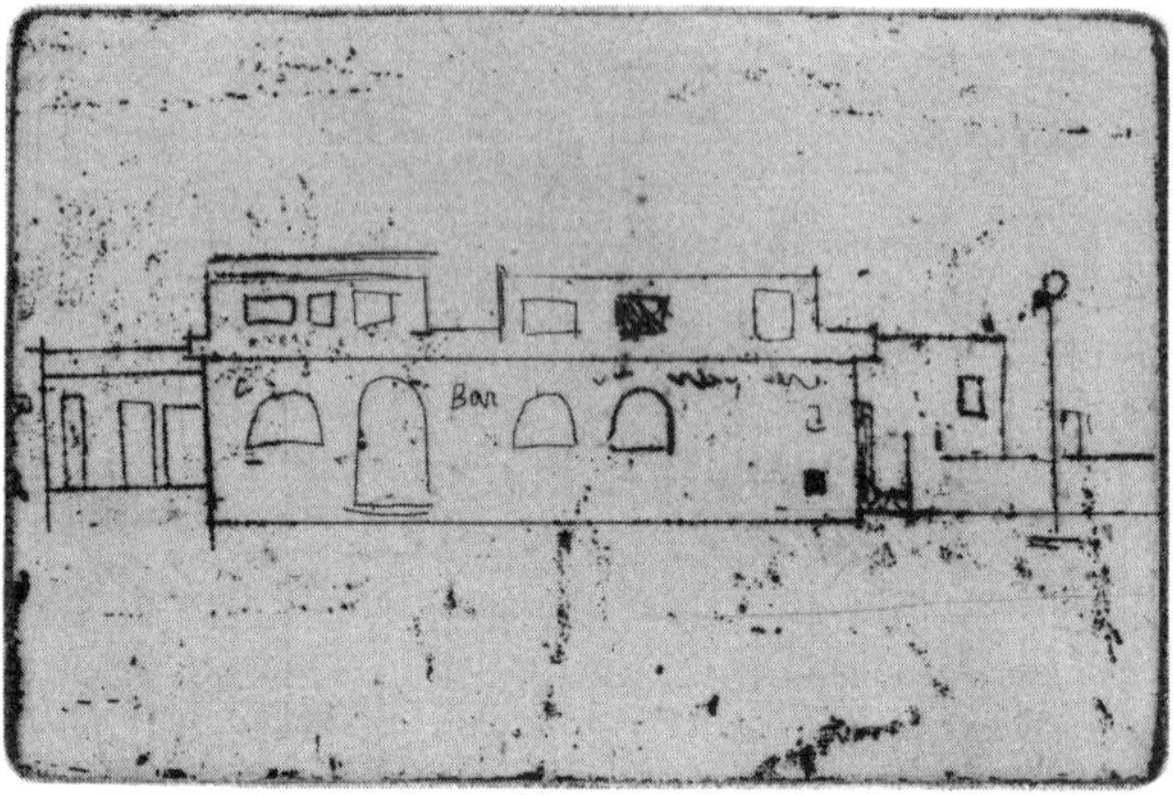

上・「ビーチのバー、タンジールⅠ」
下・「ビーチのバー、タンジールⅡ」

「カスバの男Ｉ」

「国旗、パストゥール通り」

「鉄のドア、フェズ」

「男、タンジール」

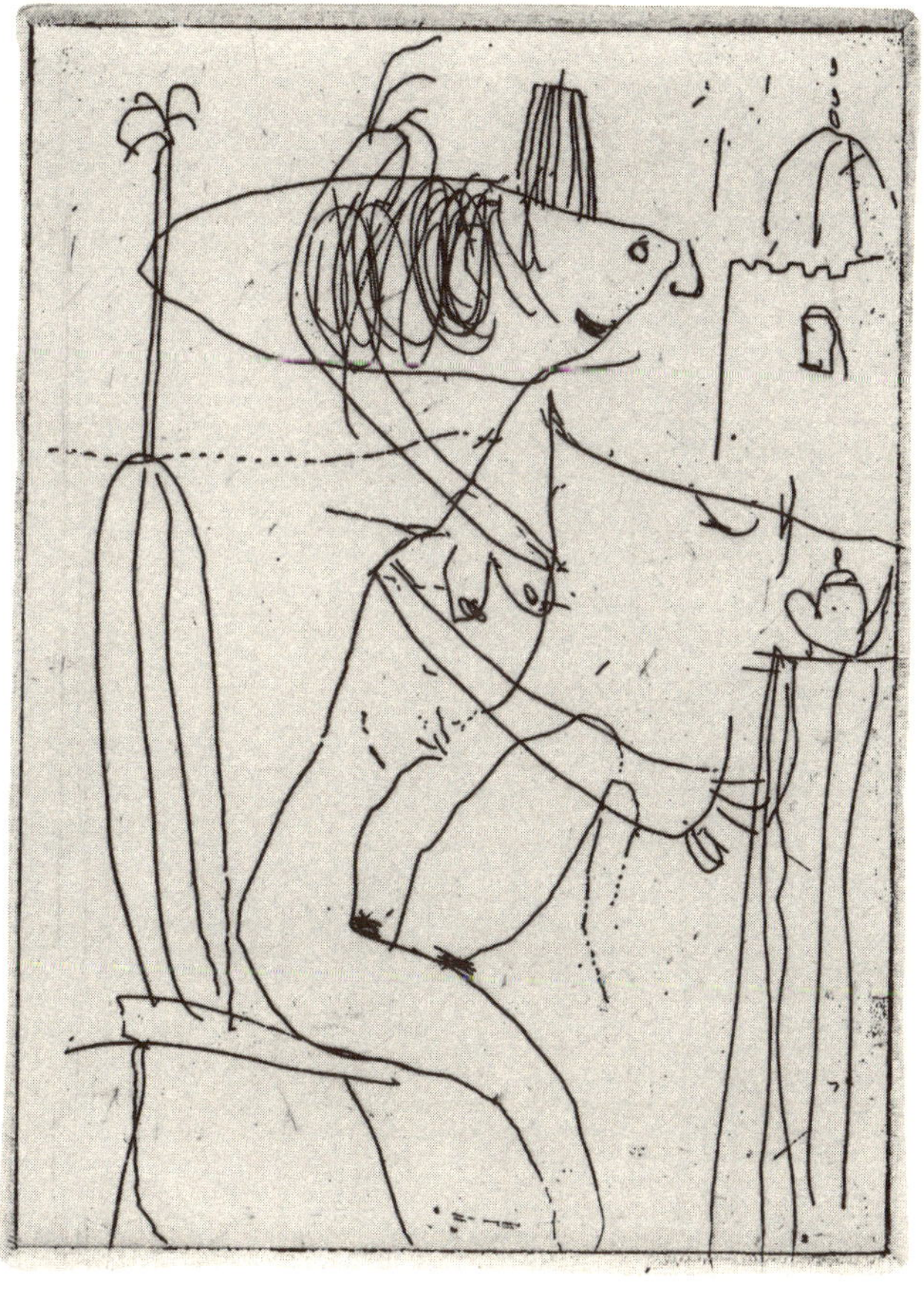

「女、タンジール」

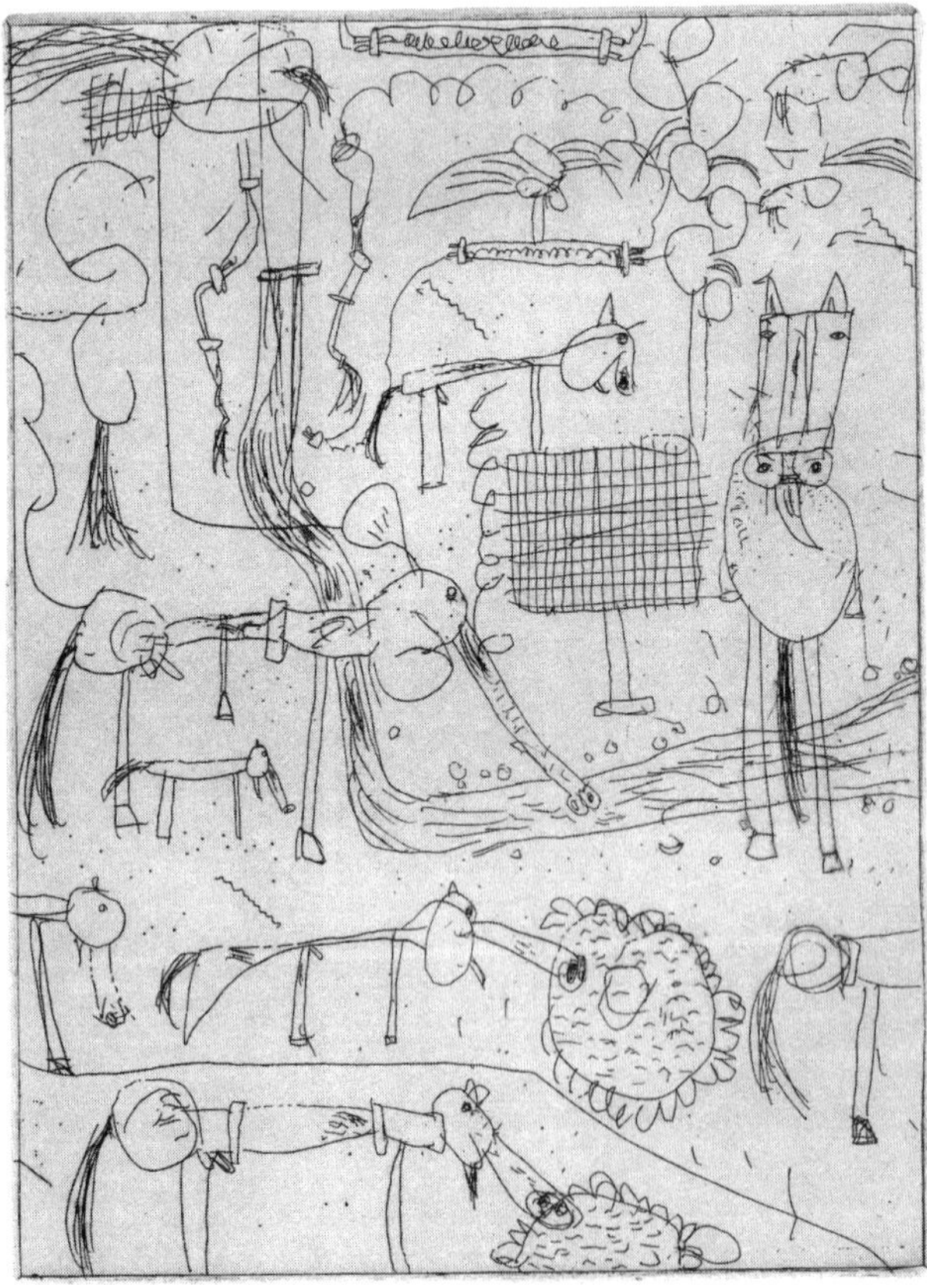

「カスバⅠ」

「カスバII」

「ガイドの男、タンジール」

「ガイドの女、フェズ」

「カスバの太陽」

「カスバの男II」

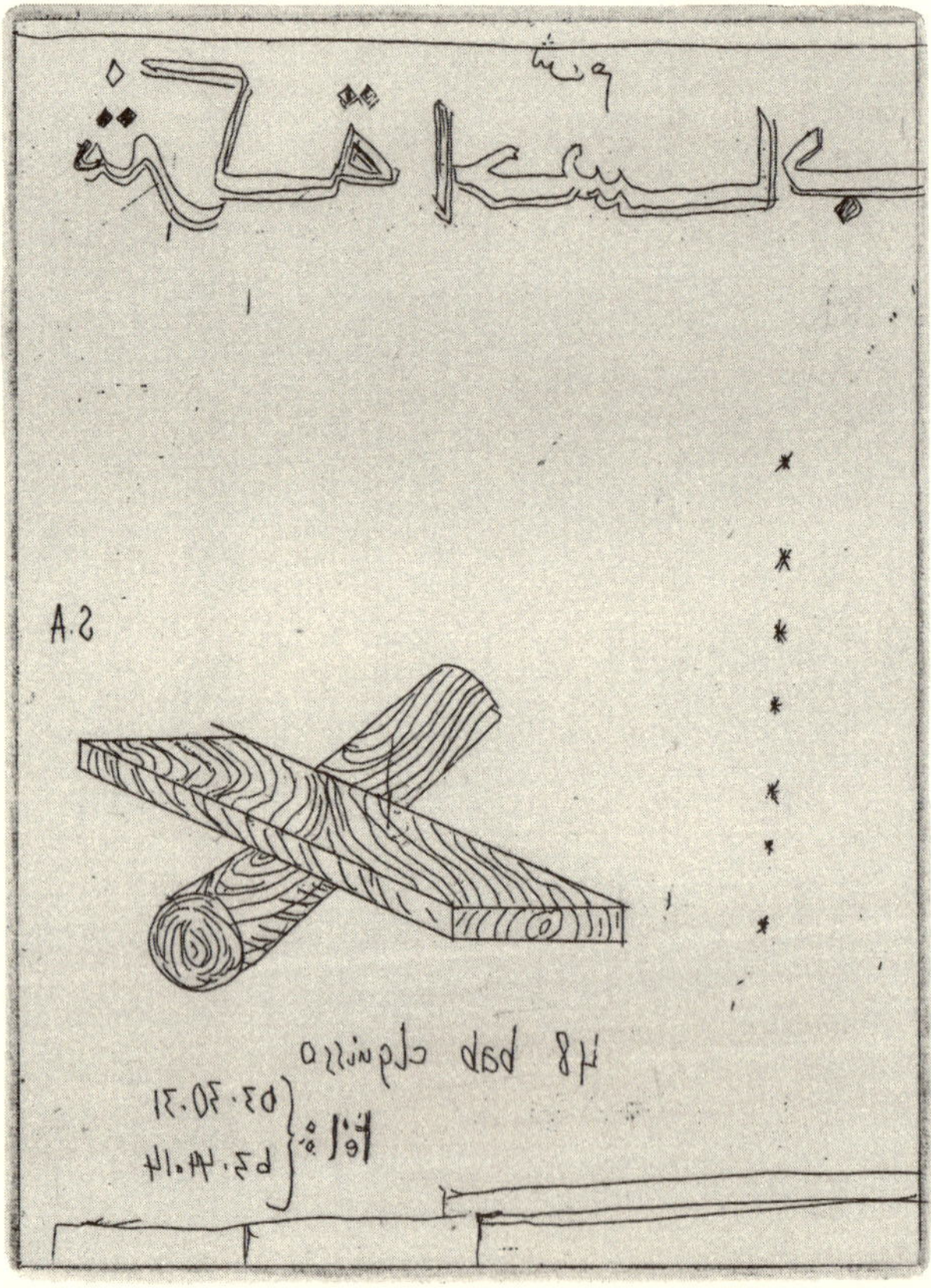

「本の表紙」

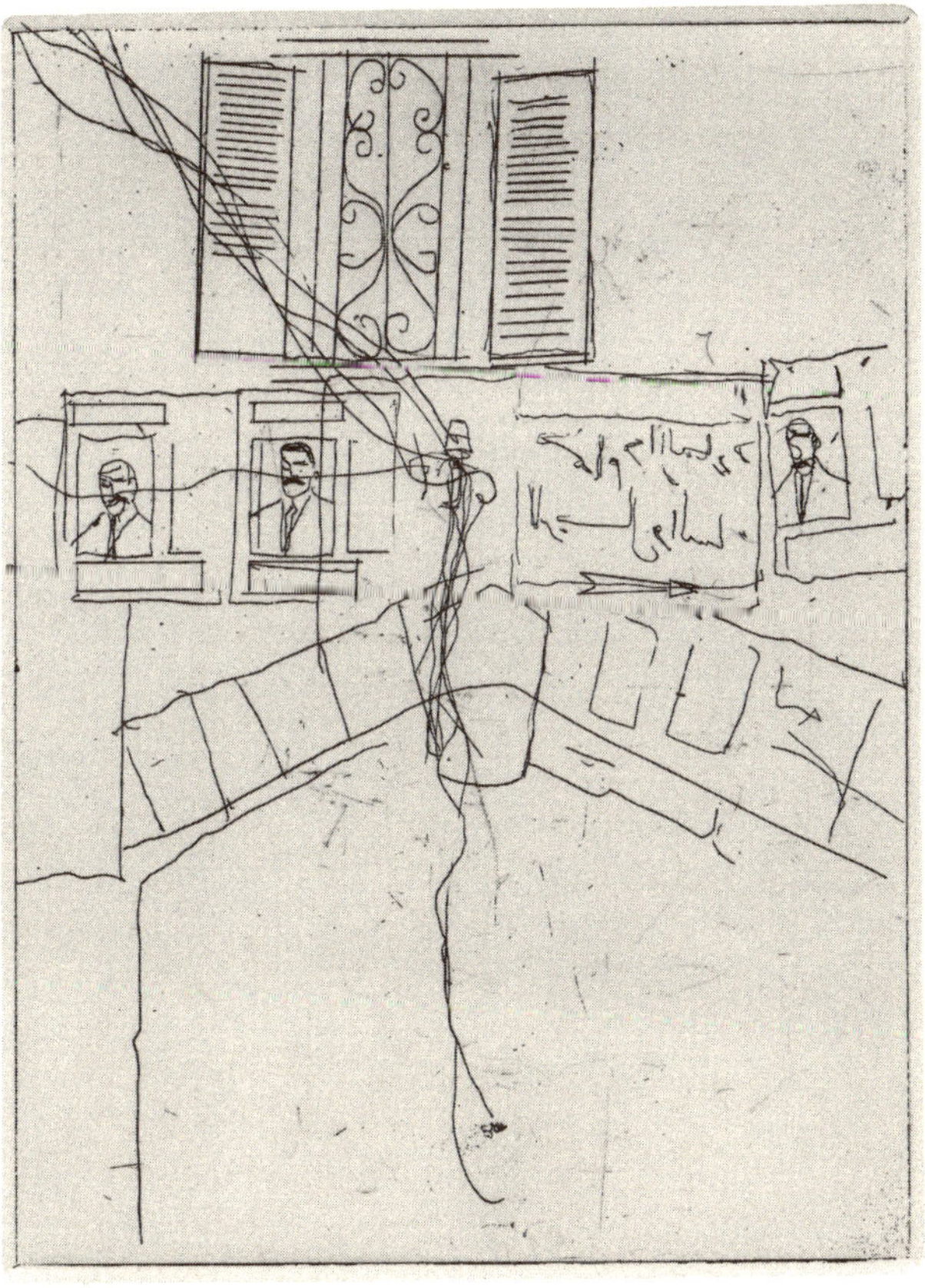

「壁の選挙ポスターと窓」

「カスバの夢」

「会話と家」

文庫版あとがき

「エレキな地」、それが初めて足を踏み入れる直前まで自分の抱いていたモロッコのイメージだった。そこを訪れてからもう11年が経つ。

その日、スペインの南端アルヘシラス発タンジール行フェリーには現地の人々や様々な国の若い旅行者が大勢乗り込んでいた。強風に絡み付いた太陽光の突き刺すデッキの光景を眺めていると左手にジブラルタルの真っ黒で異様な島影が見えた。その瞬間心がザワついたのだ。あそこが「モロッコエレキON！地点」だったのだろう、今になってそう思う。あせってスケッチブックを取り出し目の前の人々を描き始めそのまま一気にモロッコ式時空に突入していった。あとはあまり覚えていない。思い出そうとするとなぜか熱病かなにかの病み上がり、小春日和《こはるびより》の日溜まりの中にポンッと放り出されたような、そんな気持ちになるのだ。

目をつぶりモロッコで過ごした時間に思い馳《は》せる時、その旅の輪郭はゆっくりと溶け始め、今自分がいる場所と時間の足元にスーッと流れ込んでくる。その地で短期間のうちに一気に内側に真空パックされた強烈な光と影、音や匂いはこれから先も消えることはないのだろう。

ふとしたきっかけに突然頭をもたげるあの日々は「次を創れ！」と今でもこちらを浮き足立たせる。やはりあの時あそこはドコカだったのだ。

文庫化にあたり、カラー図版を厳選した代わりに以前未収録だった旅行後制作したエッチングを新たに収めることができた。とても嬉しいです。

自著が文庫本になるなどと思いもしなかった出来事を熱意をもって実現に向けていろいろとお力をいただいた編集の伊礼春奈さん、また快く文庫化の承諾をいただいた求龍堂の太田一貴氏、本家カスバ本制作時、大変な御協力をいただいた関葉子氏、都築響一氏、木下勝弘氏、杉本憲春氏、山田大成堂様、そして最後に、「解説」に身に余るもう一つの感激的なストーリーをお寄せいただいた角田光代さんに心より感謝の気持ちをお伝えしたいと思います。またいつかアソコに赴きそしてどんどん次を創らねばと深く思いました。ありがとうございました。

２００４年５月、新宿にて
大竹伸朗

解説

角田光代

この『カスバの男』ではじめて私は大竹伸朗という人を知った。無知な私は、この偉大な芸術家のことなど何も知らずこの本を手にとり、即座に引きこまれ、夢中で読み耽《ふけ》り、読み終えてすぐさま、モロッコ行きの航空券を買いに走った。四年ほど前のことである。

旅行代理店のカウンターで、「モロッコいきたいんです。一カ月のオープンチケットください」と勢いこんで言うと、応対した店員は、「おひとりでいかれるんですか」と訊《き》く。そうです、だって一カ月なんてだれもいっしょに休んでくれないじゃん。すると店員、まじまじと私を見て、「モロッコ、想像されてるところと少し違うかもしれませんよ。女性がひとりで旅するには向かないと思うし、お見受けするところあなたは旅慣れているようには見えないから、一カ月の自由旅行というのはあまりおすすめできませんが……」と、言うのである。

旅慣れているかいないかはともかくとして、旅行代理店でこんな忠告をされるのははじめてで、ムッとしつつ内心かなりびびった。そんなに危険なのか……チケット屋がチケットを売りたくないと言うくらい……。

「でもいくんです」内心の不安を押しつぶすように私は大きな声で言った。「どうしてもいくんです」

そう、どうしてもいかなきゃならなかったのだ。だって、『カスバの男』を読んでしまったから。

結局、というか、当然のことだが、店員はそれ以上何も言わず、航空券を売ってくれた。くれぐれも無理はなさらないように。お気をつけて。と、執拗《しつよう》にくりかえしながら。

その数週間後、ミラノを経由してカサブランカに向かう飛行機に私は乗っていた。そうしながら、ちょっと自分でもびっくりしていた。こんなこと、今まで一度だってなかった。旅は好きだが、何かの本を読んで、読み終えるなり即座にその地に向かうなんて、あり得ない。たとえばベトナムで開高健の『輝ける闇』を読むとか、中国で金子光晴の『どくろ杯』を読むとか、そういうことはある。今目の前にある光景と、かつて作家の言葉で書かれた光景を、そうしながらすりあわせ、時間を攪拌《かくはん》させ、共通して浮かび上がるものを捜す、というようなこと。けれど今私がしているのはそういうことではない、言葉と絵で描かれた光景の断片を、この目で見るために飛行機に乗っているのだ。

『カスバの男』には、そんな魅力がある。これは旅行記としても読めるし、創作日記としても読めるし、また、異国の夢日記とも読める。スケッチも水彩画も写真も入っている。「どんなふうに」読むかという規定を、作者は行わない。だから読み手は、「どんなふうに」などとお行儀よくページをめくることができない。作者が異国の地で見て、感じたものの、そのままを、ざぱーんと頭から浴びせられる。

大竹さんは、まるで目と手がいっしょになったような文章を書く。見ることと書くことのあいだに、よけいなものがいっさい介入していない。本人は本書で「見てから写しとるまでのズレ」についても言及しているが、おそらく、そのズレをも含めて書いてしまう。だからときおり、妙ちくりんとしか思えない言葉が平然と出てくる。たとえば彼はこう書く、

「プラスチック製台所ザル四隅チョコバー固めの技には、僕もうなったきりタンジールの日差しがイエロー脳髄を直撃した。その直後メガネツル45度斜め倒立技がコメカミに入

る」

五、六歳の子どもが、道ばたでお菓子や眼鏡を並べて売っている様を描写した文章で、こうして抜き取るとなんのことだかわからないが、しかし前後の文章のなかにこれがばちっと入っていると、見えてしまう。読み手のイエロー脳髄も直撃され、コメカミにも入ってしまうのである。「わかってないのだがいたくわかっている」物売りのガキどもを、並んだ商品を、その色彩とそれらが作るちいさな影と、路地にさしこむ太陽の光と埃《ほこり》くさい空気を、瞬時に五感で理解してしまうのである。

見ることが、書くことを制限していないのもこの作者の特徴である。見ることと書くことがひどく近しいとき、当然個人の視界には限界があり、同時に書くことも限られてくる。けれど大竹さんは、相反するものを同時に見ている。微細なものと、とらえきれないほど巨大なもの。瞬間と永遠。辟易《へきえき》するくらい俗的なものと、この世にはあり得ないうつくしいもの。それらはひょっとして、ぴたりと輪を閉じる同じものなのではないかと本書を読みながら幾度も考えた。

ポットにとまる蠅《はえ》の描写で、読み手は未だ知らぬモロッコの空気を吸いこむ。アラビア歌謡の切れ端の描写で、読み手は人々がかつて作り上げてきたありとあらゆる音を聴く。

金をせびってくる体臭のきつい男の描写で、読み手はしょぼくてみみっちく、けれどたくましい、世界じゅうどこにでもあり、また自身の内にもあるに相違ない人間くささを見せつけられる。眼下に広がるフナ広場の喧噪《けんそう》の描写で、読み手は、宇宙規模に大きな視点から見下ろす、点である自身の姿に触れることができる。

作者のその、微細から巨大へ、巨大から微細へうねうねと変化する、昆虫のような化けもののような視線を追ううち、読み手は少なからず脳味噌をシャッフルされるような混乱を覚える。よけいなもの——先入観や知識や常套句《じょうとうく》なんかが、シャッフルされるうち読み手の頭からもすっぽりと一掃され、私たちはただ、ここととは異なる場所を純粋に見たり、感じたりすることができる。

私がなぜ本書を読み終えてすぐモロッコ行き航空券を買ったか、ということと、それは関係している。

本書には、モロッコに思わずいきたくなってしまうような、すてきなエピソードも美辞麗句もない。多くの人に親切にされたなんてこともないどころか、金、金、ガイド、ガイドとまとわりつく男たちの姿が、こちらもうんざりするくらい出てくるし、モノクロ写真が映し出すのは、崩れたゴミ箱だったり、路上の割れた卵だったりする。少なくとも、モロッコってこの世の天国かも、なんて感想は抱かない。けれど私が猛烈に彼《か》の地に惹《ひ》かれたのは、たぶん、作者が「生《なま》」を描いたからだ。私がいることとは異なる場所の本質を、じつに生々しく描いていて、私はその「生っぽさ」を実際に体で感じたかったのだと思う。ひょっとしたらそれは、その地にいるよりこの本を開いたほうがよりリアルに感じられるのかもしれないと、薄々《うすうす》思いながら。

本書を読んでいてじつに興味深かったのが、作者がなんにでも素直に驚くことだ。驚く、というのはじつにシンプルなことだが、だいたいにおいて大人は驚かない。大人にとって知らないことはすなわち恥だし、驚くことは知らなかったということを暴露する。以前、モンゴルのツーリストゲルに泊まっていたときのこと。夕刻になって日本人の中年グループがやってきた。バスから降りてきてゲルにチェックインした彼らは、おもてに出てきて、あたり一面の景色を眺め、スケッチをはじめたり写真を撮りはじめたりしたのだが、何がびっくりしたって、彼らはちーっとも驚かないのだ。目の前に広がるのは三百六十度、なんにもない平原である。本当になんにもない。はじめて見たならばちょっと呆《ぼう》然《ぜん》としてしまうくらいのなんにもなさ。それを前にして、彼らはのどかに言い合っている、長野の空気ってこんな感じよね、私はどこそこの生まれだけど子どものころ家のまわりはこんなんだったわ、馬がいる、なんだかふつうの馬よりちいさいな、トイレはちゃんと水が流れたわよ。などと。それを聞いていた私も、なんだか長野の牧場にいるような気分になった。ここは長野の牧場だ、と思うと、果ての果てまでなんにもない景色が、手に負える一景色になるから不思議である。

彼らのような発言は、世界各国の観光地にいくとよく聞くことができる。じつに多くの大人は、十六世紀の城が目の前にあるのにガイドブックに目を落として「あの部分は琥珀《こはく》でできている」とうなずいているし、六世紀に描かれた壁画を前にして「我が国にある何々と似ている」と卑小化する。別段悪いことではないと思うけれど、驚くことってたいへんなんだとしみじみ実感する。なになになに、あんなの見たことなーい、と、大人は驚いていられないのである。

だから作者が、大人であるにもかかわらず驚いていることが興味深く思えたのだった。作者はしょっちゅう驚いている。感心し、うなり、ときには街角のポスターに嫉妬を覚えたりもしている。本書を読んでいると、ものを創ることに対する作者の誠実さ、厳しさ、敬虔《けいけん》さに気づかされるが、それはそのまま、世界に対する作者の立ち方でもあるんだなと思う。手に負えないくらいばかでかく、不可思議なものに満ちた世界と、がぶりよつに著者は向き合っている。なんて信頼がおける場所に、なんて堂々と立っているのだろうと、思わずにはいられない。

さて、ほとんど衝動的にモロッコに飛んだ私だが、着いてすぐ、『カスバの男』を持参してこなかったことに気づいた。あの本の目線に惹かれてここへきたのだから持ってくるべきだった、持参していれば作者の目線を追って歩くことができたのに、と悔やんだ。けれど、数日のうち、持ってこなくて正解だったと思い至った。

たとえば本書に出てくるジャルダン・マジョレールやタンジールの海岸通りをおぼろげな記憶をたどって私は歩いたが、大竹さんが書いているのは大竹さんの目から見える世界であり、逆に言えば彼はかんたんに目に入ってくるものをほとんど書いていない。たぶん、本書を持ち歩きその通りに歩いたとしたら、私には何も見えなかっただろう。私は私の目で見てモロッコを歩いた。大竹さんよりかなり狭く、かなり卑近で、かなり短絡的で、かなり奥行きのない視線のまま。それでも、この本を読んでからきてよかったと幾度も思った。『カスバの男』が描き出す、凝縮された本質に、そこここで触れることができたから。腕にとまる蠅や、壁に描かれたデッサンのへんなミッキーマウスなんかを通して。

モロッコの旅から四年たった今『カスバの男』を読み返してみても、私はやっぱりこの場所にいきたいと思う。今すぐチケットを買いにいきそうになる。けれどいかないのは、ここに描かれているのはモロッコでありながらモロッコではないと、私はすでに知っているからなんだと思う。大竹さんが描いたのは、私たちの知らない世界だ。そこへいくチケットはどこにも売っていない。この本を開くしか、そこへ足を踏み入れることはできないのだ。

この作品は、一九九四年五月、株式会社求龍堂より刊行された
『カスバの男　大竹伸朗　モロッコ日記』を改題し、再編集した
ものです。
なお、文庫化にあたり、銅版画作品をあらたに収録しました。

集英社文庫

カスバの男《おとこ》 モロッコ旅日記《たびにっき》

2004年7月25日 第1刷
2024年6月17日 第5刷

定価はカバーに表示してあります。

著 者 大竹伸朗《おおたけしんろう》

発行者 樋口尚也

発行所 株式会社 集英社
東京都千代田区一ツ橋2-5-10 〒101-8050
電話 【編集部】03-3230-6095
【読者係】03-3230-6080
【販売部】03-3230-6393(書店専用)

印 刷 大日本印刷株式会社

製 本 ナショナル製本協同組合

フォーマットデザイン アリヤマデザインストア マークデザイン 居山浩二

ISBN978-4-08-747716-0 C0195